essentials

Essentials liefern aktuelles Wissen in konzentrierter Form. Die Essenz dessen, worauf es als „State-of-the-Art“ in der gegenwärtigen Fachdiskussion oder in der Praxis ankommt. *Essentials* informieren schnell, unkompliziert und verständlich

- als Einführung in ein aktuelles Thema aus Ihrem Fachgebiet
- als Einstieg in ein für Sie noch unbekanntes Themenfeld
- als Einblick, um zum Thema mitreden zu können

Die Bücher in elektronischer und gedruckter Form bringen das Fachwissen von Springerautor*innen kompakt zur Darstellung. Sie sind besonders für die Nutzung als eBook auf Tablet-PCs, eBook-Readern und Smartphones geeignet. *Essentials* sind Wissensbausteine aus den Wirtschafts-, Sozial- und Geisteswissenschaften, aus Technik und Naturwissenschaften sowie aus Medizin, Psychologie und Gesundheitsberufen. Von renommierten Autor*innen aller Springer-Verlagsmarken.

Benjamin O'Daniel · Fabian Jaeckert

Generative Engine Optimization: Sichtbar in KI-Systemen

Von SEO zu GEO – eine Einführung für Unternehmen

Benjamin O'Daniel
Jaeckert & O'Daniel Onlinemarketing
Daun, Deutschland

Fabian Jaeckert
Jaeckert & O'Daniel Onlinemarketing
Daun, Deutschland

ISSN 2197-6708 ISSN 2197-6716 (electronic)
essentials
ISBN 978-3-658-50745-9 ISBN 978-3-658-50746-6 (eBook)
https://doi.org/10.1007/978-3-658-50746-6

Die Deutsche Nationalbibliothek verzeichnet diese Publikation in der Deutschen Nationalbibliografie; detaillierte bibliografische Daten sind im Internet über https://portal.dnb.de abrufbar.

Springer Gabler ist ein Imprint der eingetragenen Gesellschaft Springer Fachmedien Wiesbaden GmbH und ist ein Teil von Springer Nature.
Die Anschrift der Gesellschaft ist: Abraham-Lincoln-Str. 46, 65189 Wiesbaden, Germany

Wenn Sie dieses Produkt entsorgen, geben Sie das Papier bitte zum Recycling.

Was sie in diesem *essential* finden können

- GEO, AEO, LLMO, GAIO: Was die neuen Begriffe bedeuten
- Von SEO zu GEO: Was sich konkret ändert
- GEO-Roadmap: Tools, Analysen, Maßnahmen
- Neue KPIs: Wie Sie Ihre KI-Erfolge messen

Vorwort

Seit ChatGPT im November 2022 auf dem Markt gekommen ist, erleben wir eine Art Erdrutsch. Für hunderte Millionen Menschen weltweit gehört der Umgang mit einem KI-System längst zum Alltag.

Ob ChatGPT, Microsoft Copilot oder Perplexity: KI-Systeme laufen der klassischen Suchmaschine den Rang ab. Man merkt intuitiv: Das ist etwas ganz Neues. Ein KI-System antwortet, erklärt, strukturiert, empfiehlt, verlinkt – und ist selbstverständlich offen für jegliche Nachfragen. In diesen Systemen gibt es keine zehn blauen Links mehr, durch die man sich klicken muss. Keine Websites, bei denen man nach Informationen suchen muss.

Auch Google selbst wandelt sich zum KI-System. Zuerst mit den AI Overviews, der KI-Zusammenfassung oberhalb der Suchergebnisse. Und dann mit AI Mode und Gemini, reinen KI-Chat-Oberflächen.

Das hat Auswirkungen auf jedes Unternehmen – insbesondere auf Marketing und Vertrieb. Wer in den neuen KI-Systemen nicht erwähnt wird, findet schlicht nicht mehr statt. Man bleibt den User*innen unbekannt. In der Folge spielt man bei den Kaufentscheidungen keine Rolle mehr.

Seit über 15 Jahren arbeiten wir als SEO-Berater – und können sagen: Solche Veränderungen haben wir noch nie erlebt. Es entsteht eine neue Disziplin im Digitalmarketing. Was früher SEO war, also Suchmaschinenoptimierung, bekommt jetzt eine neue Form: die Optimierung für mehr Sichtbarkeit in KI-Systemen. Was sich konkret ändert und wie das funktioniert – das beschreiben wir in diesem Buch.

Dabei möchten wir unseren Grundprinzipien treu bleiben, für die wir in unserer Branche bekannt sind. Jede Woche veröffentlichen wir in unserem Content Performance Podcast eine neue Folge. Wir sprechen fachlich, aber immer verständlich.

Wir sprechen über Strategien und Maßnahmen, anhand von Beispielen. So haben wir es bisher in über 380 Podcast-Folgen gemacht.

Es gibt in der SEO-Welt sehr unterschiedliche Sichtweisen und methodische Herangehensweisen an den KI-Wandel. Wir wollen mit diesem Buch einen kompakten Überblick liefern – auch wenn man zu vielen Aspekten, die wir hier beschreiben, hunderte Seiten schreiben könnte.

Um es klar zu sagen: Das hier ist kein Buch für Nerds. Wir bleiben allgemeinverständlich – auch wenn das zur Folge hat, dass wir manchmal Aspekte vereinfachen müssen. Auf generelle technologische Hintergründe zu Sprachmodellen und der KI-Entwicklung haben wir verzichtet. Auch das Thema „KI in der Content-Produktion" spielt in diesem Buch keine Rolle. Es geht uns um die Analyse und Optimierung von Sichtbarkeit in KI-Systemen.

Außerdem verzichten wir auf eine passive, zu technokratische Sprache. In diesem Buch steht oft „wir". Basis für alle Aussagen in diesem Buch ist unsere persönliche, fachliche Expertise. Wir halten es für sinnlos und auch nicht mehr zeitgemäß, dies durch eine wissenschaftliche Sprache zu verschleiern.

Das Buch ist für Entscheider*innen und für Marketingverantwortliche gedacht. Also Profis – die aber auch noch andere Themen auf dem Tisch liegen haben. Digital Marketing Manager*innen, SEO-Verantwortliche und grundsätzlich Interessierte sind herzlich eingeladen, so viel wie möglich aus diesem Buch mitzunehmen.

Das gesamte Thema entwickelt sich extrem dynamisch. Im Grunde müssten wir bei jedem Satz – „Stand jetzt" – schreiben. Eine solche Formulierung finden wir ermüdend – und haben daher darauf verzichtet. Auf unseren LinkedIn-Profilen, in unserem Content Performance Podcast und in unserem Website-Magazin veröffentlichen wir laufend neue Erkenntnisse. Wir freuen uns über jeden neuen Abonnenten und jede neue Followerin.

Viel Spaß beim Lesen!

Benjamin O'Daniel
Fabian Jaeckert

Inhaltsverzeichnis

Über die Autoren

Benjamin O'Daniel arbeitet als Berater für GEO und SEO. Sein Schwerpunkt liegt auf dem Content-Bereich und auf digitalen PR-Strategien. Der gelernte Redakteur arbeitet seit 2011 in der SEO- und Content-Marketing-Branche. Er beschäftigt sich intensiv mit Content-Qualität, Formaten, Audience und User Engagement, im Kontext von KI-Sichtbarkeit und KI-Wandel. Er ist Dozent an der TH Köln im Studiengang Online-Redaktion.

Fabian Jaeckert arbeitet als Berater für GEO und SEO. Sein Schwerpunkt liegt auf der Strategie, den Tools und der technischen Analyse. Er beschäftigt sich seit 2004 mit Suchmaschinenoptimierung. Neben der Beratung entwickelt er eigene KI-Tools und setzt sich intensiv mit der Technologie dahinter auseinander.

In ihrem gemeinsamen Unternehmen Jaeckert & O'Daniel Onlinemarketing beraten die beiden GEO- und SEO-Experten Unternehmen in KI-Sichtbarkeit. In ihrer Academy vermitteln sie praxisnahes Wissen. In ihren Workshops zeigen sie Strategien und operative Maßnahmen anhand von echten Beispielen. Ihr Ziel ist es, Inhouse-Verantwortliche nachhaltig zu stärken und Marketingteams zu befähigen, KI-Sichtbarkeit zu verstehen und selbstständig KI-Optimierungen umzusetzen. Zu ihren Kunden gehören namhafte Hersteller aus dem Mittelstand und Markenunternehmen. In ihrem Content Performance Podcast sprechen sie jede Woche über den KI-Wandel.

Einleitung 1

Zusammenfassung

In diesem Kapitel geht es um die verschiedenen Begrifflichkeiten, die in der SEO-Branche diskutiert werden. Sollen wir weiterhin SEO sagen – oder ist ein neuer Begriff notwendig? Außerdem: Falsche Vorstellungen und Mythen im Check.

1.1 GEO, AEO, LLMO, GAIO: Die Begriffe

Wenn etwas Neues entsteht, geht es oft darum, wie man das Kind beim Namen nennt – und ob es überhaupt einen Namen verdient. So auch in unserer Branche. Manche SEO-Expert*innen lehnen die gesamte Diskussion als „Hype" ab. Andere entwickeln neue Begrifflichkeiten. Welche das sind – das wollen wir hier zu Beginn klären.

Noch einmal zum Start: SEO ist ein englischer Begriff und bedeutet: Search Engine Optimization. Es geht um Strategien und Maßnahmen, die Sichtbarkeit in Suchmaschinen („search engine") zu erhöhen. Von dort aus geht es in die Details, etwa, welche konkreten Maßnahmen notwendig sind.

Jetzt sprechen wir über die Sichtbarkeit in KI-Systemen. Aber wie nennt man dieses neue Feld? Eine Reihe von Begriffen sind derzeit im Rennen:

- **LLMO** (engl. Large Language Modell Optimization): Hier liegt der Fokus auf dem Sprachmodell. Im Fokus steht also die neue Technologie.

B. O'Daniel, F. Jaeckert, *Generative Engine Optimization: Sichtbar in KI-Systemen*, essentials, https://doi.org/10.1007/978-3-658-50746-6_1

- **GEO** (engl. Generative Engine Optimization): Hier wird allgemeiner von generativen Systemen gesprochen. Ein Sammelbegriff für KI-Anwendungen insgesamt.
- **GAIO** (engl. Generative AI Optimization): Hier wird etwas klarer auf generative KI-Systeme der Fokus gelegt.
- **AEO** (engl. Answer Engine Optimization): Hier wird auf die Antwort gezielt, die es zu optimieren gilt.

Unter Expert*innen werden alle Begriffe genutzt, oft auch parallel. Befürworter von LLMO heben hervor, dass dieser Begriff „konkurrenzlos" ist. Die Abkürzung wird in keinem anderen Kontext genutzt. Das ist sehr hilfreich, wenn sich Menschen dazu informieren wollen – zum Beispiel über Google oder ChatGPT.

Allerdings halten wir den Begriff für wenig alltagstauglich. Man muss ihn nur einmal laut aussprechen. „ELMO". Und der Doppel-Konsonant „LL" sorgt automatisch dafür, dass man fast anfängt zu lallen. Schwer vorstellbar, dass man damit in einem Marketingmeeting oder einer CEO-Präsentation kein Stirnrunzeln erzeugt.

Auch der Begriff „GEO" hat einige Nachteile. Es wird vor allem mit geografischen Aspekten assoziiert. Wikipedia listet dazu über zehn unterschiedliche Bedeutungen auf, unter anderem gibt es das Studienfach Geoinformatik, das Länderkürzel von Georgien und eine Zeitschrift in Deutschland.

Für den Begriff spricht allerdings die Nähe zu SEO. Er wird implizit verstanden. Im Gegensatz etwa zu GAIO, was wieder komplett neu ist.

AEO hat auch eine Nähe zu SEO. Es liegt jedoch hier der Fokus auf der Antwort. Generative Systeme können aber noch viel mehr als nur Antworten geben.

Daher haben wir uns entschieden, den Begriff GEO zu nutzen. Auch AEO halten wir für valide.

Weitere Begriffe sind „AI SEO", „AI Search" und „AI Visibility". Klarer Vorteil: Hier ist das KI-Umfeld sofort in der Begrifflichkeit erkennbar. AI SEO und AI Search ziehen eine Parallele zur bisherigen Suche. Das wiederum halten wir nicht für zielführend. Denn KI-Interaktion beruhen auf Chats, also Gesprächen. Es ist aus unserer Sicht nicht vergleichbar mit einer klassischen Suche.

AI Visibility halten wir als Begriff ebenfalls für valide. Allerdings sind solche englischen Umschreibungen oft nur schwer zu vermitteln.

Ein Versuch, eine Brücke zu bauen, ist die Begrifflichkeit „SEO" neu zu interpretieren. So wurde zum Beispiel der Vorschlag gemacht, von Search Everywhere Optimization" zu sprechen (Fishkin, 2025). Also die generelle Optimierung von Suche auf allen Plattformen, die existieren.

Dies hat mehrere Vorteile: Zum einen gibt es in der Suchmaschinenoptimierung bereits seit langem verschiedene Arbeitsfelder, die sich an Plattformen orientieren. Etwa Amazon SEO, YouTube SEO oder auch die Optimierung auf Plattformen wie LinkedIn oder Jameda.

Allerdings wird auch hier wieder der Fokus auf „Search“ gelegt, also die Suche – und nicht auf den Chat, das individuelle Gespräch mit der KI.

Ein weiterer Effekt: Wenn man bei SEO als Kernbegriff bliebe, werden ChatGPT und alle anderen KI-Systeme nur als eine weitere Plattform begriffen, die sich eingliedern. Das halten wir für eine klare Unterschätzung.

In unserem beruflichen Alltag sehen wir oft, dass umgangssprachlich von „KI-Optimierung“ oder „ChatGPT SEO“ gesprochen wird.

Welcher Begriff sich am Ende durchsetzt, liegt letztlich nicht in der Hand deutschsprachiger SEO-Expert*innen. Es wird sich zeigen, welcher Begriff sich in den USA durchsetzt. Auch hier sehen wir, dass oft von GEO, AEO und AI SEO gesprochen wird (Smith et al., 2025).

Neben der unklaren Begrifflichkeit gibt es weitere Diskussionen in der Fachwelt, die wir hier zusammenfassen wollen und zu denen wir Stellung beziehen möchten.

1.2 Mythos „Google wird es immer geben“

Ob auf Konferenzen, Meetups oder in persönlichen Gesprächen: Wir nehmen häufig wahr, dass besonders SEO-Fachleute überzeugt sind, dass Google seine dominante Marktposition nicht verlieren wird. Die Kernaussage: „Google wird es immer geben“. Argumentiert wird zum einen mit der absoluten Dominanz im Suchmaschinenmarkt, mit den Nutzungsgewohnheiten von Milliarden Usern und mit dem technologischen Vorsprung.

Unterstützt wird diese Position von einer Reihe von Studien, die von Tool-Anbietern durchgeführt werden. Hier wird darauf verwiesen, dass die Suchanfragen an sich stabil sind oder weiter steigen (Harsel, 2025).

Allerdings gibt es eine Reihe von Argumenten, dass diese Situation so nicht bleiben wird:

- **Starkes Wachstum von ChatGPT:** Die Nutzerzahlen von ChatGPT steigen weiterhin stark an. Sie liegen bereits Mitte 2025 bei 700 Mio. Nutzer*innen weltweit (Wiggers et al., 2025). ChatGPT kann mit 4 bis 9 % des Google-Volumens bereits als die inoffizielle Nummer 2 der Suchmaschinen, bezeichnet werden.

- **Zahlreiche KI-Systeme:** Es gibt nicht ein KI-System, das gegen Google antritt. Vielmehr gibt es zahlreiche KI-Systeme. Zum einen als Stand-Alone-Variante wie ChatGPT. Zum anderen als Funktion in weit verbreiteten Apps wie WhatsApp oder in den Microsoft-Produkten. Überall können User sich per Prompt Fragen beantworten lassen.
- **Unbekannte Nutzungszahlen:** Die veröffentlichten Studien nutzen in der Regel Clickstream-Daten, die über Browser-Plugins erhoben werden. Dabei wird nur der Desktop-Traffic erhoben – ein Bruchteil der Gesamtmenge. Die mobile Nutzung sowie die Nutzung von Apps kann nur schwer oder nicht korrekt getrackt werden

Und auch wenn Google selbst weiter seine Marktdominanz behält: Die klassische Suchmaschine, die auf Suchergebnissen, also einer Liste von Websites basiert, ist trotzdem Geschichte. Google selbst wandelt sich von einer Suchmaschine zu einem KI-Antwort-System:

- **AI Overviews:** Die „AI Overviews" sind breitflächig eingeführt worden, vor allem auf informationellen Suchbegriffen. Die KI-Zusammenfassungen haben auf zahlreichen Websites quer durch alle Branchen zu einem Einbruch der Klicks geführt, die über Google kommen (Indig, 2025). Gleichzeitig ist dies erst der Anfang.
- **AI Mode:** Mittlerweile hat Google den „AI Mode" eingeführt. Über einen Button im Suchfeld werden die User aufgefordert, zum AI Mode zu wechseln. Der AI Mode hat die typischen Funktionen eines KI-Systems. Man kann komplexe Fragen und Situationen schildern, Nachfragen stellen und so in ein Gespräch kommen.
- **Gemini App:** Google selbst hat für sein KI-System „Gemini" eine eigene App. Die Gemini App ist mittlerweile in den App Charts in den vorderen Positionen und wird millionenfach heruntergeladen (Michaeli, 2025).

Derzeit existieren AI Mode, Gemini und die alte Suche parallel. Wie lange dies noch dauert, steht in den Sternen. Google selbst scheint hier von der Veränderung getrieben – und muss als Unternehmen selbstverständlich auch dafür Sorge tragen, dass die Umsätze des Werbesystems nicht zu stark darunter leiden. Ein klares „Innovator's Dilemma".

Ob auf kurz oder lang: Aus unserer Sicht ist völlig klar, dass die bisherige Suchmaschine, wie sie in den vergangenen 25 Jahren existiert hat, keinen Bestand mehr haben wird.

Die User werden in Zukunft deutlich seltener Websites besuchen. Stattdessen werden sie sich in KI-Systemen informieren und dort ihre Kaufentscheidungen treffen.

1.3 Mythos „KI-Systeme haben kein aktuelles Wissen"

In eine andere Richtung zielt Kritik an KI-Systemen – als Argument dafür, warum die klassische Suche bestehen bleiben wird.

Ein Kritikpunkt lautet, dass Antworten der KI-Systeme mit veraltetem „Wissen" arbeiten. Denn KI-Systeme basieren auf einem Grundmodell oder Basismodell, das einmalig auf bestimmten Daten trainiert wurde, wie zum Beispiel dem Internet, Büchern und weiteren Datenquellen (Brown et al., 2020, S. 19). Alles, was nach dem Training bzw. dem Stand der Trainingsdaten passiert, kennt das reine Sprachmodell nicht.

Deswegen führen KI-Systeme ein sogenanntes „Grounding" durch. Hierbei wird automatisch eine klassische Web-Suche aktiviert, wenn die KI erkennt, dass aktuelles oder ergänzendes Wissen notwendig ist. Die Ergebnisse werden ausgewertet und in die KI-Antwort integriert.

Jedes KI-System hat hierbei seine eigenen Vorgehensweisen. Bei ChatGPT entscheidet das System nach einer internen Logik, wann es eine Suche aktiviert und aktuelle Informationen hinzuzieht. Andere Systeme wie Perplexity oder der AI Mode führen grundsätzlich ein Grounding durch.

Ein weiterer Kritikpunkt ist die Halluzination. Denn KI-Systeme basieren auf Sprachmodellen. Sie berechnen – vereinfacht gesagt – das nächstwahrscheinliche Wort. Das hat gerade zu Beginn oft zu falschen Antworten geführt.

Dies alles wird als Argument aufgeführt, dass die breite Masse den KI-Antworten nicht trauen wird.

Doch man erkennt klar, dass das Gegenteil der Fall ist. Ein Beweis ist die Einführung der AI Overviews bei Google. Denn seit Google die KI-Antworten breitflächig ausgibt, bekommen Websites flächendeckend weniger Besucher*innen über Google. Wir selbst kennen zahlreiche Beispiele aus unserer Beratung. Auch auf Konferenzen und von anderen Expert*innen wird diese Entwicklung klar gespiegelt (Chapekis & Lieb, 2025; Brooker, 2025).

Das heißt: Sehr vielen Usern reicht es offensichtlich, wenn eine KI eine Frage zusammenfasst. Bei Bedarf klicken einige noch auf die Quelle. Aber sie müssen nicht mehr auf eine einzelne Website klicken, um eine Antwort zu erhalten – und sie tun es entsprechend immer weniger. Ob das menschlich, gesellschaftlich oder politisch eine gute Entwicklung ist – das müssen andere Expert*innen diskutieren. Wir stellen fest: User vertrauen KI-Antworten.

1.4 Mythos „ChatGPT wird nur zum Schreiben genutzt"

Eine weitere Fehlinterpretation: ChatGPT und andere KI-Systeme werden als reine Produktivitätstools betrachtet. Vor allem das Schreiben wird hier betont. Sei es, dass Schüler*innen ChatGPT für Hausaufgaben nutzen, Programmier*innen zum Coden – oder SEO- und Marketingverantwortliche für ihre Content-Produktion. Durch diese Sichtweise werden KI-Systeme stark von einer klassischen Suche abgegrenzt.

Aber stimmt das auch? Eine Studie von OpenAI hat dazu Licht ins Dunkle gebracht. Die Studie wurde mit dem renommierten National Bureau of Economic Research (NBER) und einem Harvard-Forscher erstellt. Hierfür wurden 1,5 Mio. echte Prompts ausgewertet – nach eigener Aussage „die umfassendste Studie zur tatsächlichen Nutzung von KI, die jemals veröffentlicht wurde" (Chatterji et al., 2025).

Ein zentrales Ergebnis: Im privaten Umfeld wird ChatGPT vor allem für Fragen und Finden genutzt. In der Studie wird dies „Practical Guidance" (28,8 %) und „Seeking Information" (24,4 %) genannt. Beide Aktivitäten nehmen laut Studie deutlich zu. Und beide sind vergleichbar mit klassischen Suchanfragen bei Google. „Writing" nimmt mit 23,9 % den dritten Platz ein – und sinkt im Verlauf.

Unter „Seeking Information" fällt auch die aktive Produktsuche („Purchasable Products"). Wobei man hier ergänzen muss: ChatGPT hat erst im Laufe des Jahres 2025 einen Produkt-Feed eingeführt. Funktionen wie „Agentic Commerce", bei dem direkt in ChatGPT gekauft werden kann, ist erst nach Veröffentlichung dieser Studie eingeführt worden (OpenAI, 2025).

Im beruflichen Umfeld wird ChatGPT tatsächlich am häufigsten zum Schreiben genutzt (40%). Allerdings sind auch hier Practical Guidance und Seeking Information zusammengerechnet ähnlich verbreitet (Chatterji et al., 2025, S. 15).

1.5 Mythos „GEO ist das Gleiche wie SEO"

Eine weitere Aussage, die wir häufig hören, beschreibt eine Art Abwehrreflex. Besonders erfahrene SEO-Expert*innen schauen sich die Veränderungen an und sind der Meinung, dass sich wenig ändern wird.

Es wird darauf verwiesen, dass auch KI-Systeme die Websuche für das Grounding nutzen, Webseiten crawlen (Jaeckert, 2025), also eine Indexierung sichergestellt werden muss. Dadurch werden SEO-Empfehlungen zu Website-Inhalten oft eins zu eins für GEO adaptiert. Zwei vereinfachte Beispiele: Es wird empfohlen, Texte in Absätzen zu strukturieren und Keywords in den Zwischenüberschriften zu berücksichtigen. Auch wird empfohlen, strukturierte Daten (z. B. JSON-LD) zu berücksichtigen.

Die Argumentation dahinter: Wenn KI-Systeme grounden, greifen sie auf klassische Suchergebnisse zurück. Wer in der Suche vorne steht, wird entsprechend als Quelle berücksichtigt und kann die KI-Antwort beeinflussen. Wer also SEO betreibt, ist auch in KI-Systemen relevanter.

Auch wir befürworten, eine verständliche Sprache zu nutzen, möglichst gehaltvolle Informationen zu bieten und Website-Content inhaltlich und optisch zu strukturieren. Auch sind diese Maßnahmen für SEO sicher wichtig. Wir sind allerdings zurückhaltend, ob man damit „automatisch“ erfolgreich für KI-Systeme optimiert.

Folgende zwei Gegenargumente:

- **Grounding:** Das Grounding ist ein komplexer Prozess (Yesilyurt, 2025). Es werden eine Reihe von Websites abgefragt. Bei ChatGPT oft eine Handvoll Websites, im AI Mode von Google auch dutzende Websites. Anschließend werden, vereinfacht gesagt, bestimmte Abschnitte genutzt und von der KI weiterverarbeitet. Der genaue Prozess wird von den Anbietern der KI-Systeme nicht beschrieben. Ob man als Quelle herangezogen und genannt wird, hängt von vielen Faktoren ab, die über klassisches SEO hinausgehen.
- **Maschinenlesbarkeit:** Wir bezweifeln, dass KI-Systeme wirklich einzelne Absätze und „SEO-optimierte“ Texte benötigen. Es ist gerade die Stärke von KI-Systemen, Zusammenhänge in Texten zu erkennen und selbst zu strukturieren. In der Beratungspraxis sehen wir, dass auch viele Texte und Videos als Quellen genutzt werden, die zwar weniger strukturiert sind – aber inhaltlich sehr gehaltvoll sind. Entscheidend ist vor allem, ob man das Thema bzw. den Aspekt überhaupt im Text berücksichtigt hat. So werden beispielsweise strukturierte Daten von der KI beim Training eher entfernt als genutzt (Penedo et al., 2023).

Wir befürworten einen strategischen Ansatz: Was geben die User in KI-Systeme ein? Bei welchen Themen bzw. KI-Antworten will ein Unternehmen sichtbar sein? Welcher Content wird hierfür herangezogen? Solche zentralen Fragen haben wir uns auch in SEO gestellt. Sie sollten für GEO ebenfalls am Anfang stehen, weil hier die größten Hebel für mehr Sichtbarkeit liegen.

Die Veränderungen sind aus unserer Sicht sehr grundsätzlich. Es wird nicht alles beim Alten bleiben. Das wollen wir hier systematisch erklären.

Im weiteren Verlauf werden wir vorstellen, wie Unternehmen und Marken ihre Sichtbarkeit in KI-Systemen strategisch analysieren und optimieren können.

Literatur

Brooker, A. (30.06.2025). AI overviews cutting publisher clickthrough rates by 50%, new report finds. https://pressgazette.co.uk/media-audience-and-business-data/google-ai-overviews-publishers-report-clickthroughs-authoritas-report/. Zugegriffen: 19. Nov. 2025.

Brown, T., Mann, B., & Ryder, N. (2020). Language models are few-shot learners, S. 9. https://arxiv.org/pdf/2005.14165.

Chapekis, A., & Lieb, A. (22.07.2025). Google users are less likely to click on links when an AI summary appears in the results. https://www.pewresearch.org/short-reads/2025/07/22/google-users-are-less-likely-to-click-on-links-when-an-ai-summary-appears-in-the--results/. Zugegriffen: 19. Nov. 2025.

Chatterji, A., Cunningham, T., Deming, D., Hitzig, Z., Ong, C., Yan Shan, C., & Wadman, K. (2025). How people use ChatGPT https://doi.org/10.3386/w34255.

Fishkin, R. (29. Mai 2025). Seriously, please stop with the new acronyms. It's still SEO: Search everywhere optimization. https://sparktoro.com/blog/its-still-seo-search--everywhere-optimization/. Zugegriffen: 17. Nov. 2025.

Harsel, L. (11.08. 2025). ChatGPT is not replacing google—It's Expanding Search [Study]. https://www.semrush.com/blog/google-usage-after-chatgpt-adoption/. Zugegriffen: 19. Nov. 2025

Indig, K. (17.02.2025). The impact of AI Overviews on SEO – analysis of 19 studies. https://www.growth-memo.com/p/the-impact-of-ai-overviews-on-seo. Zugegriffen: 19. Nov. 2025.

Jaeckert, F. (04.07.2025). Logfile Analyse: Wie KI-Bots deine Website verarbeiten. https://www.jaeckert-odaniel.com/logfile-analyse-wie-ki-bots-deine-website-verarbeiten/. Zugegriffen: 19. Nov. 2025.

Michaeli, A. (03.10.2025). The AI race rages on! the most downloaded apps in September. https://appfigures.com/resources/this-week-in-apps/20251003. Zugegriffen: 19. Nov. 2025.

OpenAI. (29.09.2025). In ChatGPT einkaufen: Instant Checkout und das Agentic Commerce Protocol. https://openai.com/DE-DE/index/buy-it-in-chatgpt/. Zugegriffen: 19. Nov. 2025.

Penedo, G., Malartic, Q., Hesslow, D., Cojocaru, R., Cappelli, A., Alobeidli, H., Pannier, B., Almazrouei, E., & Launay, J. (01.07.2023). The refinedWeb dataset for Falcon LLM: Outperforming curated corpora with web data, and web data only. https://arxiv.org/abs/2306.01116.

Smith, E., Yao, A., & Niezgoda, T. (2025). AEO vs. GEO vs. AI SEO. https://graphite.io/five-percent/aeo-vs-geo-vs-ai-seo. Zugegriffen: 19. Nov. 2025.

Wiggers, K., Corrall, C., Park, K., & Stringer, A. (14.11.2025). ChatGPT: Everything you need to know about the AI-powered chatbot. https://techcrunch.com/2025/11/14/chatgpt-everything-to-know-about-the-ai-chatbot/. Zugegriffen: 19. Nov. 2025.

Yesilyurt, M. (20.08.2025). Inside ChatGPT's GPT 5 search: What the configuration files reveal about how it ranks your content. https://metehan.ai/blog/chatgpt-5-search--configuration/. Zugegriffen: 19. Nov. 2025.

Von SEO zu GEO

2

Zusammenfassung

In diesem Kapitel geht es um den Wandel von SEO zu GEO. Statt einer Liste von Ergebnissen erhalten die User eine KI-Antwort. Rankingpositionen existieren nicht mehr. Stattdessen geht es um die Nennung bzw. Erwähnung in der KI-Antwort. Statt Links werden Quellen angezeigt. Statt Keywords geht es jetzt um Prompts, die von Usern eingegeben werden. Hier fehlt es an Daten.

2.1 Von Suchergebnissen zu KI-Antworten

Die klassische Google-Suche besteht aus einer Suchergebnisliste: die Top 10. Und dahinter tausende weitere Websites, die ebenfalls etwas mit dem Keyword zu tun haben. In SEO drehte sich bisher alles um das Ranking in dieser Liste.

Die SEO-Tools auf dem Markt orientieren sich an der Position, die eine Website zu einem Keyword in den Google-Rankings hat. Wer auf Platz 1 bis 3 steht, erhält einen Großteil des Traffics. Wer abrutscht, merkt dies sofort in den Zahlen – bei den Klicks und oft auch direkt im Umsatz.

Ein KI-System wie ChatGPT funktioniert grundlegend anders. Die KI gibt eine Antwort. Schon die erste Antwort ist ausführlich, fundiert und individualisiert. Als User muss ich nicht mehr eine Website besuchen, um mich zu informieren.

Das ist ein grundlegender Wandel, der SEO- und Marketingverantwortlichen schwerfällt zu akzeptieren. Dabei sind KI-Antwortsysteme die letzte Stufe einer Entwicklung, die schon seit Jahren anhält:

B. O'Daniel, F. Jaeckert, *Generative Engine Optimization: Sichtbar in KI-Systemen*, essentials, https://doi.org/10.1007/978-3-658-50746-6_2

- Google hat in den vergangenen Jahren immer mehr sogenannte Integrationen eingeführt, wie etwa die „Ähnliche Fragen“-Box oder die Kurz-Zusammenfassung auf Platz 1 („Featured Snippet“). Hinzu kommen diverse Integrationen in Bezug zu bestimmten Branchen oder Themenbereichen wie Aktienkurse, Wetterberichte, Sehenswürdigkeiten oder News.
- Ein deutlicher Einschnitt war die Einführung der AI Overviews, also der KI--Zusammenfassungen von Google oberhalb der regulären Suchergebnisse. Seitdem gibt es in der Branche zahlreiche Berichte, wie der Google-Traffic auf Websites deutlich eingebrochen ist. Der Einbruch der Besucherzahlen reicht von 20 bis 80 % (Indig, 2025).

Diese Entwicklung – von Suchergebnissen hin zur KI-Antwort – ist aus unserer Sicht unumkehrbar.

Das hat Folgen für die gesamte Customer Journey der Kund*innen.

Im „alten“ Google geben die User dutzende oder auch hunderte Begriffe ein. Sie besuchen diverse Websites. Nicht nur von Unternehmen, die Produkte oder Dienstleistungen anbieten. Sondern auch von Medien, Vergleichsportalen oder Blogs.

Diese Customer Journey kann jetzt komplett in einem KI-System stattfinden. Die User können immer mehr Fragen stellen und erhalten KI-Antworten, die auf den individuellen Bedarf zugeschnitten sind. ChatGPT etwa fragt sehr aktiv nach, ob und wie die Informationen verarbeitet werden sollen, etwa in einer Tabelle, Pro- und Contra-Liste oder einer Entscheidungsmatrix. Dies vereinfacht Recherchen enorm, ist bequem und spart Zeit.

2.2 Von Keywords zu Prompts

Kern von SEO-Strategien und Maßnahmen sind immer Keywords gewesen. Also welche Suchbegriffe potenzielle Kund*innen bei Google eingeben. Professionelle SEO-Tools weisen hierzu eine Menge Daten aus. Jedes Suchwort hat ein eigenes Suchvolumen pro Monat, also die Häufigkeit, wie oft der Begriff in Google eingegeben wird. Oft gibt es tausende Kombinationen von Suchbegriffen, Synonyme oder mehrere Wörter, sogenannte Longtail Keywords. Aber wie ist es mit Prompts?

Um den Unterschied zu verdeutlichen, arbeiten wir im Folgenden mit einem Beispiel.

Der Begriff „Elektrogrill“ wird zehntausende Male pro Monat in Deutschland gesucht. Im Sommer stärker, im Winter schwächer. Der Stammbegriff Elektrogrill hat über 6300 Kombinationen, etwa Elektrogrill Balkon, Elektrogrill Test, bester

Elektrogrill, Elektrogrill mit Deckel, Drehspieß oder mit Infrarot. Zu jedem einzelnen Begriff ist das monatliche Suchvolumen bekannt.

Wenn ein Unternehmen also Elektrogrills verkauft, wird in einer SEO- und Keyword-Strategie darüber nachgedacht, wo auf der Website welche Keywords eingebaut werden sollten. Anhand des Suchvolumens können die Begriffe priorisiert werden. Schließlich ist dies die messbare Nachfrage.

Dieses Vorgehen ist in KI-Systemen nicht mehr möglich. Denn es ist nicht bekannt, welche Prompts die User in ChatGPT und Co. eingeben. Die Unternehmen dahinter geben hierzu – Stand jetzt – keine Daten heraus.

Das hat mehrere Gründe:

- Die Keyword-Daten sind bekannt, weil Google dazu ein Werbesystem anbietet (Google, o.J.a). In Google Ads ist bzw. war es möglich, auf einzelne Begriffe Werbung zu schalten. Auf den Keywords gibt es vereinfacht gesagt ein Auktionssystem und einen Preis pro Klick. Diese Daten werden von SEO-Tool-Anbietern ausgewertet und verarbeitet.
- Keywords sind zwar vielfältig, aber auch überschaubar. Weil die User über Jahre gelernt haben, Stichwörter einzugeben. Niemand schreibt einen Absatz lang in das Google Suchfeld, was er oder sie sich genau vorstellt.

Obwohl ChatGPT schon seit November 2022 auf dem Markt ist, gibt es zum Zeitpunkt des Schreibens dieses Buchs – also Ende 2025 – immer noch kein Werbesystem dafür. Aber selbst mit Werbesystem stellt sich die Frage, ob und wie Prompt-Daten zur Verfügung gestellt werden würden. Auch bei Google Ads sieht man, dass immer mehr KI-Funktionalitäten angeboten werden, bei denen eine KI selbstständig entscheidet, auf welche Begriffe die Werbung ausgespielt wird (Burdick, 2025).

Außerdem funktionieren ChatGPT und andere KI-Systeme grundsätzlich anders als das alte Stichwort-System. Eine KI fordert seine User auf, möglichst individuell und ausführlich die eigenen Wünsche und Vorstellungen einzugeben. Es wird sehr aktiv nach den eigenen Wünschen und Vorstellungen gefragt – oder alternativ auch Kriterien von der KI vorgeschlagen.

Wer also Elektrogrill eingibt, erhält eine typische KI-Antwort in folgender Art: „Damit ich dir eine bessere Antwort geben kann, sag mir bitte, was dir wichtig ist..." Oder: „Wenn du nach einem Elektrogrill suchst, kommt es auf ein paar wichtige Kriterien an: Kompaktheit, Rauchentwicklung, Leistungsfähigkeit, Sicherheit und leichte Reinigung. Magst du... Soll ich...".

Dieses KI-Antwort-Muster sehen wir in sehr vielen produktlastigen Prompts. Jeder User versteht intuitiv: Man kann auch einen ganzen Absatz schreiben – und erhält darauf noch viel bessere Antworten. Und man kann im Folge-Prompt in einen Dialog eintreten: Eine Kaufberatung per Chat mit der KI.

Die Prompts sind also viel individueller und ausführlicher als klassische Keywords. Wer eine allgemeine Frage eingibt, erhält vor allem in ChatGPT immer die Aufforderungen, seine Kriterien genauer zu beschreiben.

Eine einfache Rechnung: Bei unserem Beispiel Elektrogrill gibt es rund 10 Kriterien, die von der KI sehr schnell ermittelt und abgefragt werden. Jedes Kriterium mit jedem kombiniert ergibt 3,6 Mio. Prompt-Varianten.

Es gibt also bei einem einzigen Produkt theoretisch bereits Millionen Möglichkeiten, wie User ihre Produktrecherche verfeinern und konkretisieren. Wenn zum Beispiel jemand nach einem Elektrogrill sucht, der einen Deckel hat, 2000 Watt Leistung und leicht zu reinigen ist – welche Produkte und Marken werden dann von einem KI-System empfohlen?

Das bedeutet in der Konsequenz auch: Es ist mehr oder weniger unmöglich, alle Varianten zu überwachen und auszuwerten. Daher halten wir es auch für möglich, dass es nie valide Prompt-Daten geben wird, so wie wir es von den Keywords kennen.

Wie man mit dieser Situation umgeht und welche Prompts man überwachen und optimieren kann, klären wir im weiteren Verlauf.

2.3 Von Position zur Brand Mention

Eine zentrale Metrik in SEO sind die Google Rankings. Wer auf Platz 1 steht, erhält die meisten Klicks auf seiner Website. Wer auf Platz 10 steht, erhält nur noch einen Bruchteil der Klicks. Ziel in SEO ist es immer, möglichst die Top-Position zu erreichen.

Wenn es nun KI-Antworten gibt, muss man sich ansehen, wie diese Antworten strukturiert sind.

Bei KI-Antworten mit Produktbezug werden konkrete Marken und Produkte empfohlen. In der Regel werden drei bis fünf Produkte von einer Marke oder verschiedenen Marken vorgestellt.

Hier setzt GEO an: Entscheidend ist die „Brand Mention“. Also die Erwähnung der Marke im richtigen Kontext. Es kommt darauf an,

- ob eine Marke und ihr passendes Produkt genannt werden,
- auf welcher Position in der Antwort das Produkt steht und
- wie das Produkt von der KI beschrieben wird.

Welchen Wert eine Brand Mention hat – darüber wird in der SEO-Branche viel diskutiert. Für einige Vertreter*innen ist dies eine „Vanity Metric", also eine Kennzahl, die schön aussieht, aber nichts über den tatsächlichen Erfolg aussagt.

Ein Argument ist, dass eine bloße „Impression", also Einblendung, nicht messbar ist und demnach nichts bringt. Weil kein Klick entsteht, könne man keinen ROI berechnen, also keinen Return-on-Invest auf bestimmte Maßnahmen.

Wir halten eine Brand Mention dagegen für sehr wertvoll. Im entscheidenden Moment der Customer Journey empfiehlt das KI-System ein Produkt. Ein direkter Klick aus dem KI-System ist für die Produktentscheidung schlicht nicht mehr notwendig.

Es ist außerdem wahrscheinlich, dass sich die User im nächsten Schritt tiefer über das Unternehmen und das jeweilige Produkt informieren – und zwar ebenfalls im KI-System und ohne zu klicken.

Eine Brand Mention ist nicht vergleichbar mit einer Impression aus der alten Google-Welt. Denn dort war eine Einblendung in den Top10 kaum etwas wert. Schließlich stand ein Unternehmen dort mit seiner Website in Konkurrenz zu Google-Anzeigen, Integrationen wie Bildern, Ähnliche-Fragen-Integration, YouTube-Karussell – und neun anderen Websites.

In ChatGPT und anderen Systemen werden drei bis fünf Produkte gezielt von der KI empfohlen und eingeordnet. Eine sehr fokussierte und hochwertige Darstellung – im entscheidenden Moment der Produkt-Recherche und -Auswahl.

Letztlich bleiben in KI-Antworten nur noch die Marken und ihre Produkte übrig. Alle anderen Websites werden höchstens zu Quellen, die von der KI unter Umständen herangezogen werden.

Erst wenn der Kauf oder die Anfrage vollzogen wird, muss die Website des Anbieters besucht werden. Oder der Kauf wird direkt in der KI-Plattform selbst durchgeführt. OpenAI hat bereits eine solche Funktion veröffentlicht (OpenAI, 2025).

2.4 Von Links zu Quellen

Im alten Google-System bestehen die Suchergebnisse aus Hyperlinks. Sie sind der zentrale Inhalt der Suche. Eine Liste von passenden URLs wird ausgegeben, gemeinsam mit einem Titel und einer kurzen Beschreibung („Meta Description").

Auch KI-Systeme nutzen oft eine Suche. Wer etwa nach Produkten sucht, sieht häufig, dass das KI-System unterstützende Suchanfragen durchführt. Das sogenannte „Grounding".

Die Ergebnisse aus den Suchanfragen werden dann in die KI-Antwort integriert und als „Quellen“ angezeigt. Diese Quellen stehen unterhalb der Antwort und können aufgeklappt werden.

Wer die Quellen analysiert, sieht schnell: Hier werden vor allem Websites herangezogen, die Informationen rund um die Produkte und Marken bieten.

In KI-Systemen ergibt sich dadurch ein komplett neues Wettbewerbsumfeld.

Wenn User zum Beispiel bei Google nach einem Elektrogrill suchen, finden sie in den Suchergebnissen Hersteller von solchen Grills, aber auch Medien, Blogs oder Vergleichsportale. Auch Markenunternehmen selbst sind mit ihren Websites eine zentrale Quelle, auf die KI-Systeme zugreifen.

Daher ist es für GEO elementar, zu verstehen, bei welchen Prompts welche Quellen herangezogen werden und wie oft diese genutzt werden. Zum einen, weil über die Quellen die KI-Antworten mit beeinflusst werden. Zum anderen, weil über die Quellen auch Besucher*innen auf die Website kommen können.

Neue GEO-Monitoring-Tools werten diese Quellen aus. Sie zeigen an, welche Websites bei welchen Prompts als Quellen genutzt werden. Dazu später mehr.

Unser Eindruck ist allerdings auch: Es kommen deutlich weniger Besucher*innen über solche KI-Systeme. Das ist nicht verwunderlich. Denn die User informieren sich tief und ausführlich innerhalb des KI-Systems. Weil sie nicht mehr für jede Information eine Website besuchen müssen, finden weniger Klicks statt.

2.5 Was gleich bleibt

Was allerdings gleich bleibt: Menschen werden nach wie vor nach Produkten und Dienstleistungen suchen. Am grundsätzlichen Bedarf ändert sich nichts. Allerdings ändert sich das System und die grundsätzliche Art, wie diese Suche stattfindet.

Unternehmen stehen vor der großen Aufgabe, ihre Sichtbarkeit und Relevanz in den KI-Systemen zu verstehen, zu analysieren – und zu optimieren.

Es ist eine Aufgabe, die klar im Marketing liegt. Genauer im Digital-Marketing. Dafür sind neue Tools, neue Strategien und neue Maßnahmen notwendig, die wir im Folgenden beschreiben werden.

Literatur

Burdick, B. (06.05.2025). Optimale Performance mit AI Max für Suchkampagnen. https://blog.google/intl/de-de/produkte/google-fuer-unternehmen/optimale-performance-mit-ai-max-fuer-suchkampagnen/. Zugegriffen: 24. Nov. 2025.

Google (o.J.a). Keyword the planner. https://business.google.com/en-all/ad-tools/keyword-planner/. Zugegriffen: 24. Nov. 2025.

Indig, K. (17.02.2025). The impact of AI Overviews on SEO – analysis of 19 studies. https://www.growth-memo.com/p/the-impact-of-ai-overviews-on-seo. Zugegriffen: 19. Nov. 2025.

OpenAI. (29.09.2025). In ChatGPT einkaufen: Instant Checkout und das Agentic Commerce Protocol. https://openai.com/de-DE/index/buy-it-in-chatgpt/. Zugegriffen: 24. Nov. 2025.

3 Roadmap: Optimierung für KI-Systeme

Zusammenfassung

In diesem Kapitel geht es um die Entwicklung einer GEO-Strategie und um Maßnahmen für die KI-Optimierung. Basis hierfür sind Tools, bei denen man KI-Antworten überwacht und analysiert, auf Basis von Prompts. Hier zeigt sich, wie sichtbar Unternehmen in bestimmten Bereichen sind. Die Maßnahmen betreffen drei Bereiche: Website-Content, Digitale PR und technische Optimierungen der Website. Hier gibt es Parallelen zu SEO, aber auch Unterschiede.

3.1 Tool-Auswahl

Wer in GEO oder AEO einsteigen will, braucht hierfür eine professionelle Software. Das war schon in SEO so – und oft ein Knackpunkt in vielen Unternehmen und Organisationen. So lautet auch die häufigste Frage in all unseren Webinaren: „Brauche ich ein Tool für GEO – und was kostet das?"

Aus unserer Beratersicht wirkt diese Frage seltsam. Denn oft werden selbst drei- oder vierstellige Beträge pro Jahr gescheut. Anstatt eine professionelle Analyse-Software zu nutzen, wird häufig ohne Datenbasis gearbeitet oder auf kostenlose Tools zurückgegriffen.

Die eigentlichen Kosten, die dadurch entstehen, sind unsichtbar. Marketingverantwortliche, die an den falschen Dingen arbeiten, Tage, Wochen und Monate verlieren. Ein Unternehmen, das in Google oder in Zukunft in KI-Systemen unsichtbar ist, erhält schlicht weniger Anfragen oder generiert weniger Verkäufe. Doch dieser betriebswirtschaftliche Verlust ist nicht messbar – zumal er oft durch die

B. O'Daniel, F. Jaeckert, *Generative Engine Optimization: Sichtbar in KI-Systemen*, essentials, https://doi.org/10.1007/978-3-658-50746-6_3

Kosten anderer Kanäle überlagert wird (wie zum Beispiel Messen in B2B oder Google Ads).

Wie entwickelt sich die Tool-Landschaft in dieser neuen Disziplin, die wir GEO bzw. AEO nennen? Hier gibt es zwei grundsätzliche Richtungen: Auf der einen Seite entwickeln SEO-Tool-Anbieter neue KI-Analyse-Funktionen. Auf der anderen Seite entstehen komplett neue KI-Monitoring- und KI-Analyse-Tools.

Um beispielhaft einige Namen zu nennen: Etablierte SEO-Tool-Anbieter wie zum Beispiel Sistrix, SEMrush oder ahrefs entwickeln zusätzliche Funktionen, die dazugebucht werden können. Ihr Ansatz ist es, ihre bisherigen SEO-Funktionen durch neue KI-Funktionen zu ergänzen. Kern sind aber nach wie vor die SEO--Funktionalitäten. Begründet wird dies unter anderem damit, dass weiterhin Google der größte Traffic-Lieferant für Websites ist.

Parallel dazu entstehen neue KI-Monitoring- bzw. KI-Analyse-Tools. Beispielhaft zu nennen sind hier Peec AI, Profound, Rankscale oder Mentions. sie fokussieren sich ausschließlich auf KI-Systeme.

Kern-Funktionalitäten sind in der Regel:

- **Prompt-Monitoring:** Hier werden alle Prompts aufgelistet, die man eingibt und überwacht (Abb. 3.1). Man sieht auf Prompt-Ebene, wie sichtbar das jeweilige Unternehmen und seine Wettbewerber sind, also unter anderem, ob sie in der jeweiligen KI-Antwort zum Prompt erwähnt werden („Brand Mention“).
- **Industry Ranking:** Hier werden die Unternehmen bzw. Marken in einem Ranking abgebildet. Sortiert nach durchschnittlicher Sichtbarkeit über alle überwachten KI-Antworten hinweg, nach Platzierung innerhalb dieser KI-Antworten und nach Sentiment, also der wertenden Beschreibung, die die KI vornimmt. Ein Wettbewerbsvergleich in der Branche.
- **Wettbewerb:** Hier werden die Wettbewerber aufgelistet, die in den KI-Antworten genannt werden. Diese Liste kann man in der Regel individuell ergänzen. Dies ist auch wichtig, weil viele Unternehmen verschiedene Angebote haben – und in jedem Produktbereich unterschiedliche Wettbewerber.
- **Sources:** Die KI-Monitoring-Tools bieten eine Liste von Quellen an. Und zwar diejenigen Quellen, die von KI-Systemen beim „Grounding“ herangezogen werden, um die KI-Antworten mit Informationen aus einer Websuche zu ergänzen. Das können zum Beispiel Vergleichswebsites und redaktionelle Websites sein. Aber oft auch die Websites der Unternehmen selbst.

Neben diesen wichtigsten Funktionen gibt es eine Reihe von Möglichkeiten, die KI-Sichtbarkeit zu filtern und zu analysieren. Hier unterscheiden sich die Tools –

Prompt	Position	Sentiment	Visibility
Was ist der beste Elektrogrill im Bezug auf die Grillfläche	3,2	83	81 %
Was ist der beste Elektrogrill für den Tisch	2,1	76	69 %
Was ist der beste Elektrogrill für den Balkon	4,0	76	63 %
Was ist der beste Elektrogrill im Bezug auf die Leistung	2,3	83	44 %
Was ist der beste Elektrogrill im Bezug auf Sicherheit und Schutz	2,8	85	44 %
Was ist der beste Elektrogrill im Bezug auf das Preis-Leistungsverhältnis	1,8	69	31 %
Was ist der beste Elektrogrill im Bezug auf Funktionen wie Räuchern, Dämpfen, Airfryen, Warmhalten	1,3	74	31 %

Abb. 3.1 Prompt-Monitoring in Peec AI. (Quelle: Peec AI, 2025)

und alle Tools entwickeln sich laufend weiter. Aber drei Kern-Funktionalitäten halten wir für sehr wichtig, besonders wenn Sie aktuell in der Auswahlphase sind:

- **Sprachmodell:** Die verschiedenen Sprachmodelle verhalten sich unterschiedlich. Perplexity und AI-Mode zeigen immer Quellen an, ChatGPT nur manchmal. Außerdem haben die verschiedenen Systeme unterschiedliche Marktanteile, was zu einer unterschiedlichen Priorisierung führt. Über einen Modell-Filter kann man hier die KI-Sichtbarkeit gezielt nach Sprachmodell analysieren.
- **Sentiment:** Unter Sentiment versteht man, wie das KI-System die Marke oder das Produkt einschätzt, welche „Meinung" es dazu hat. KI-Systeme werten sehr häufig. Produkte sind zum Beispiel „einfach bedienbar" oder haben „ein gutes Preis-Leistungs-Verhältnis". Unternehmen können also auch verstehen, wie sie als Marke wahrgenommen werden.
- **Tags:** Über Tags kann man seine Prompts kategorisieren. So kann man etwa einen bestimmten Produktbereich mit einem spezifischen Tag versehen – und anschließend gezielt die KI-Sichtbarkeit des Produktbereichs analysieren.

Jedes Tool bietet unterschiedliche Pakete an, die man für einen bestimmten Preis buchen kann. Häufig werden die Pakete „Starter", „Pro" und „Enterprise" genannt. Für Agenturen gibt es häufig individuelle Angebote, bei denen man zum Beispiel mehr Dashboards anlegen kann.

Die Pakete und der jeweilige Preis richten sich nach der Anzahl der Prompts, die man überwacht. Auch die Anzahl der Modelle und die Intervalle der Abfrage spielen häufig eine Rolle.

Für die Nutzer*innen der neuen Tools ergibt sich eine ähnliche Situation wie bei den SEO-Tools: Es ist schwer nachzuvollziehen, welches Paket man braucht und welches Tool im Vergleich zu den anderen Anbietern die beste Wahl ist. Oft wird sehr subjektiv entschieden, mit welchem Tool man am besten arbeiten kann, oder es wird auf eine Empfehlung vertraut.

In einem unserer Academy-Workshops haben wir mehrere Tools miteinander verglichen und dafür Kriterien entwickelt, unter anderem die Übersichtlichkeit der Dashboards, Filter-Funktionalitäten und den Preis pro Prompt.

Aber wie viele Prompts sollte man überwachen? Das wiederum hängt von der Größe und Komplexität des Unternehmens ab. Wer etwa mehrere Produktkategorien hat oder international tätig ist, wird mit den kleinsten Paketen kaum auskommen.

Auch die Frage, welche Prompts konkret überwacht werden sollen, spiegelt sich in den Tools wider. Wie wir bereits oben geschrieben haben, gibt es keine Daten zu den Prompts. Hier sehen wir derzeit, dass die Tool-Anbieter versuchen, verschiedene Datenquellen miteinander zu kombinieren. So haben wir den Eindruck, dass zum Beispiel alte Keyword-Daten übernommen werden, wie etwa die „Ähnlichen Fragen" bei Google. Viele Tools haben auch eine Prompt-Vorschlag-Funktion. Unser Eindruck ist, dass diese Funktionen auch auf Keywords zurückgreifen – also auf die „alte" Datenbasis.

Dies geschieht unter der Annahme, dass User die neuen KI-Systeme ähnlich wie derzeit Google nutzen. Also zwar nicht mehr Stichwörter eingeben, aber kurze einfache Fragen.

Dass ein KI-System ein Chat-System ist und explizit die User danach fragt, möglichst ausführlich, persönlich und detailliert die eigenen Wünsche und Anforderungen zu beschreiben – das wird bei diesem Ansatz nicht berücksichtigt.

Diese ausführliche Art, mit der KI über seine Wünsche und Anforderungen zu sprechen, ist völlig neu. Wer in KI-Systemen eine Frage stellt, die aus fünf Sätzen besteht, bekommt eine klare Antwort von der KI. Die Frage wird erfolgreich verarbeitet und ein Output wird generiert. Prompts sind etwas anderes als Keywords.

Einen anderen Ansatz, den wir im Markt beobachten: Es wird versucht, Prompts zu synthetisieren. Also vereinfacht gesagt die KI selbst zu fragen und mit ihr gemeinsam mögliche User-Prompts zu entwickeln. Aber auch hier muss man klar sagen: Es sind keine „echten“ Prompts, mit denen hier gearbeitet wird.

Wir halten es für sinnvoller, die für das Unternehmen relevanten und wertvollen Prompts nach einem gezielten System zu recherchieren, zu monitoren und zu analysieren.

3.2 Prompt Research

Bei der Frage, welche Prompts man überwachen und analysieren sollte, müssen wir zunächst damit beginnen, welche Prompts wir nicht für relevant halten.

In SEO gibt es die Trennung zwischen informationellen Keywords und transaktionalen Keywords (Sistrix, 2025).

Ein informationeller Suchbegriff ist zum Beispiel „Was ist ein CRM System“, „Wie lange koche ich Kartoffeln“ oder „Wie macht man einen Screenshot“. Diese drei Fragen haben laut SEO-Tools ein vierstelliges Suchvolumen pro Monat. Tausende Menschen suchen also danach.

Zur Kartoffel-Frage stehen bei Google zum Beispiel Lebensmittelhersteller, Rezepte-Plattformen und Food Blogs vorne. Bei der CRM-System-Frage belegen CRM-Anbieter, IT-Medienportale und IT-Beratungsunternehmen die oberen Plätze.

Sollte man solche Themen also auch in Zukunft auf dem Schirm haben und zum Beispiel in ein Prompt-Monitoring aufnehmen? Wir sind davon nicht überzeugt. Denn all diese einfachen informationellen Fragen werden komplett von der KI beantwortet.

Beispiel ChatGPT: Hier werden in der Regel keine Marken und Produkte genannt. Auch Quellen fehlen hier fast immer. ChatGPT groundet für solche Fragen nicht, aktiviert also keine Websuche dafür. Dementsprechend werden auch keine Quellen angezeigt.

Die User erhalten die komplette Antwort direkt von der KI. Falls nicht, werden sie ihre Frage im KI-Chat verfeinern. Die einfachen, simplen Themen haben früher für viel SEO-Traffic gesorgt. Jetzt fallen sie weg. Es ist die bittere Realität: Der informationelle SEO-Traffic wird aus unserer Sicht disruptiert. Solche allgemeinen Informationen stehen aus Sicht einer KI-Optimierung nicht mehr im Zentrum.

Anders sieht es bei transaktionalen Themen aus, also wenn die User nach konkreten Produkten suchen. Hier sehen wir das bereits beschriebene Muster im Verhalten der KI-Systeme, vor allem in ChatGPT: Es wird nach den Kriterien gefragt, also was dem User in Bezug auf das Produkt wichtig ist.

Häufig wird dies eingebettet in Formulierungen des KI-Systems wie „Um dir möglichst gut zu helfen, solltest du mir sagen, was dir wichtig ist." Oder: „Die wichtigsten Kriterien sind hier..."

Anschließend werden konkrete Marken und Produkte aufgelistet und beschrieben, oft auch mit einer klaren Empfehlung für ein Produkt.

Diese Kriterien spiegeln eine logische Customer Journey wider. Denn jeder, der ein Produkt oder eine Dienstleistung kauft, hat bestimmte Wünsche und Anforderungen. Diese Kriterien werden bei der Kaufentscheidung gesammelt und abgewogen. genau hier setzen KI-Systeme an. Sie wollen ihre Nutzer*innen beraten, ihnen bei der Kaufentscheidung helfen und „passgenaue" Empfehlungen geben.

Damit kommen wir zum zentralen Bereich von GEO. Nämlich welche Marken und Produkte bei den jeweiligen Wünschen und Anforderungen (Kriterien) von den KI-Systemen genannt werden. Dies wollen wir in unseren Monitorings und Analysen abbilden, um daraus Maßnahmen zur Optimierung abzuleiten.

In unseren Fokus rücken also die „Kriterien-Prompts". Hier haben wir ein System entwickelt, das auf drei Bausteinen beruht:

- **Der „Ich suche"-Trigger:** Wir fragen gezielt nach „Ich suche...". Denn in diesem Umfeld werden immer konkrete Marken und Produkte genannt. Wir triggern das KI-System, eine Auswahl und eine Empfehlung zu generieren. Alternativ dazu kann auch die Formulierung „Das beste..." genutzt werden.
- **Der Kategorie-Trigger:** Anschließend nennen wir den generischen Begriff für die Produktkategorie. Also geben wir etwa Elektrogrill, CRM-Software oder Abendkleid ein. So wie in SEO die transaktionalen Keywords im Rahmen der Produktsuche genutzt werden.
- **Der Kriterien-Trigger:** Im dritten Schritt nennen wir ein relevantes Kriterium. So können wir im Prompt-Monitoring systematisch die KI-Sichtbarkeit in Bezug auf die einzelnen Entscheidungskriterien der User erfassen.

In unseren GEO-Beratungen und eigenen Tests sehen wir, dass durch solch ein Kriterien-geleitetes Prompt-Monitoring valide Ergebnisse in den Tools angezeigt werden. Wir können KI-Sichtbarkeit in der Tiefe analysieren und erhalten aussagekräftige Industry Rankings.

So kann man zum Beispiel sehr schnell erkennen, ob ein Unternehmen in bestimmten relevanten Kriterien eine hohe oder niedrige Sichtbarkeit hat.

Der Ansatz dahinter: Wenn ein Unternehmen zu zwei Einzel-Kriterien eine relevante KI-Sichtbarkeit hat, ist es auch sehr wahrscheinlich, dass es in der Kombination eine Sichtbarkeit aufweisen.

Wir legen also ein Raster über unser KI-Monitoring. Grundlage ist, KI-Antwort-Muster zu erkennen – und daraus Schlüsse für die Optimierung zu ziehen.

Aber geben die User diese Prompts, die wir überwachen, auch wirklich ein? Hierzu gibt es wie beschrieben keine Daten. Obendrein gibt es bei jedem Produkt sehr schnell Millionen Kombinationen. Stattdessen nutzen wir ein System, das die wichtigsten Kriterien berücksichtigt. Wir bilden die logische Kundenreise in KI-Systemen ab und haben dazu eigene Tools entwickelt, die uns und unsere Kund*innen dabei unterstützen (Abb. 3.2). Zudem konzentrieren wir uns auf den entscheidenden Teil in der Customer Journey, in der sich die User in der konkreten Produktrecherche befinden.

Die transaktionalen Keywords waren bereits in SEO der wertvollste Bereich. Zu erkennen war dies daran, dass hier die Klickpreise für Google Ads am höchsten sind. In Bezug auf GEO bzw. AEO sehen wir entsprechend bei Kriterien-Prompts den größten Hebel für Sichtbarkeit, Leads und Sales.

Ein weiterer Bereich, der in das Prompt-Monitoring aufgenommen werden kann: Die Wahrnehmung der KI-Systeme von der Marke und den Produkten. Hier spielt der „Sentiment"-Wert eine Rolle, der in KI-Tools angezeigt wird.

Denn die bloße Erwähnung einer Marke reicht nicht aus. Es sollte auch eine positive Wahrnehmung wiedergegeben werden. Genauer:

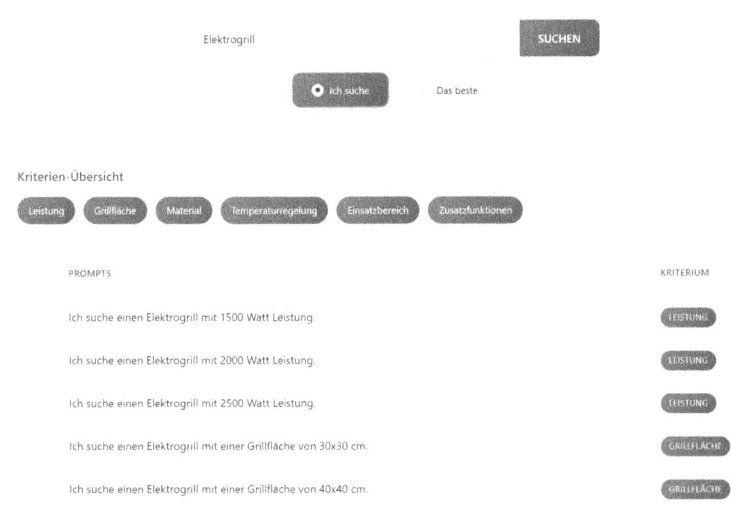

Abb. 3.2 Prompt Research Tool in der GEO-Academy. (Quelle: Jaeckert & O'Daniel Academy, 2025)

- **Produktvorteile:** Werden die Alleinstellungsmerkmale oder die konkreten Produktvorteile von der KI im richtigen Kontext erkannt und genannt? Oder nur bestimmte Aspekte davon – oder auch ganz andere?
- **Produktnachteile:** Welche Nachteile oder Schwächen des Produkts werden von der KI genannt? Sind diese Schwächen relevant?

Durch entsprechende Brand Prompts wie „Was sind die 5 wichtigsten Vorteile von..." wird das KI-System entsprechend getriggert, wertende Antworten zu geben und auch Quellen dafür zu zeigen.

So können Marketingverantwortliche erkennen, wie KI-Systeme zu einer Bewertung der Produkte und Marken kommen – und anschließend gezielt unterstützen oder gegensteuern.

Hier haben wir zum Beispiel die Erfahrung gemacht, dass KI-Systeme manche Marken „falsch" wahrnehmen oder Produkte nennen, die es gar nicht mehr gibt. Basis dafür sind häufig veraltete Quellen, auf die KI-Systeme zurückgreifen. Das zu ermitteln und gegenzusteuern ist eine klare Maßnahme, die aus einem solchen Monitoring entsteht.

3.3 Website Content

Wie müssen wir unseren Content für KI-Systeme optimieren? Das ist eine zentrale Frage. Wir wollen hier zunächst den strategischen Weg aufzeigen.

Wenn wir uns für ein Tool entschieden sowie relevante Prompts entwickelt haben, beginnen das Monitoring und die Analyse. In den KI-Antworten werden Marken genannt (Brand Mentions). Außerdem werden Quellen angezeigt.

Diese Quellen sollten nun sortiert und analysiert werden. Es gibt drei Arten von Quellen:

- **Content auf anderen Websites:** Zum Beispiel Fachmagazine, Vergleichsportale, Blogs, Social-Media-Plattformen.
- **Content von direkten Wettbewerbern:** Websites von der Konkurrenz, die man in seinem Monitoring definiert hat.
- **Content auf der eigenen Website:** Die eigene Website, zum Beispiel Magazin-Artikel, Produktseiten, Funktionsseiten.

Werfen wir zunächst ein Blick auf den Content der eigenen Website (den Content auf anderen Websites besprechen wir im nächsten Kapitel).

Wir sehen beispielsweise oft in der Analyse, dass KI-Systeme auf sehr unterschiedliche Content-Bereiche zurückgreifen. Hierzu zählen Produkt- und Funktionsseiten. Aber auch Ratgeber-Artikel, Case Studies, die Startseite und Pressebereiche sehen wir regelmäßig.

Dies ist eine logische Konsequenz durch unsere Kriterien-Prompt-Systematik, die wir vorgestellt haben. Denn im Monitoring werden die KI-Antworten und das Verhalten der KI-Systeme abgebildet. Diese suchen nach den spezifischen Kriterien, also den Wünschen und Anforderungen, die wir in unserem Prompt-Monitoring abfragen.

Hier sehen wir ein klares Muster: Viele Unternehmen stellen nicht in der Tiefe dar, was ihre Produkte auszeichnet und wie diese genutzt werden können. Oft gibt es hier nur eine „interne" Brille in den Unternehmen, nicht aber die Sicht der Kund*innen.

Es geht also darum, herauszufinden, zu welchen Kriterien, die für die Kund*innen wichtig sind, man sichtbar ist und entsprechende Informationen hat – und zu welchen nicht. Hieraus ergibt sich ein konkreter Content-Fahrplan.

Der einzelne Text wiederum sollte nach den Regeln des Content-Marketings erstellt werden. Also hilfreich, verständlich und sauber strukturiert sein. Rein werbliche Texte funktionieren oft schlechter. Informative Texte, die detailliert den Nutzen beschreiben, werden häufiger zitiert. Es gilt: Überzeugen durch Inhalte – und nicht durch allgemeine Werbefloskeln.

Unser Ansatz für KI-Optimierung basiert darauf, dass Unternehmen besser verstehen, wie ihre Kund*innen nach Produkten und Dienstleistungen suchen – und ob die Unternehmen dafür die richtigen „Anlaufstellen" auf ihrer Website haben.

Eine besondere Herausforderung sind alle informationellen Inhalte, also typische Ratgeber- und Glossar-Texte, die auf vielen Unternehmenswebsites veröffentlicht worden sind. Diese Content-Formate haben in der Vergangenheit für besonders viel Traffic über Google gesorgt – und leiden jetzt häufig besonders unter einem Klick-Einbruch.

Hier plädieren wir nicht für die Aufgabe solcher Formate. Aber die grundsätzliche Herangehensweise sollte überdacht werden. Es stellt sich die Frage, ob ein KI-System bei solchen Themen überhaupt Marken und Quellen nennt. Und falls ja, ob die Qualität der eigenen Inhalte noch reicht.

Denn „SEO Content" ist häufig oberflächlich, allgemein und stark Keyword--optimiert. Doch gerade diese Inhalte können von der KI sehr einfach selbst beantwortet werden – oft sogar deutlich pointierter und strukturierter.

Hier sehen wir drei Content-Ansätze, die Qualität zu steigern:

- **Expertise und Erfahrung:** Eine KI-Antwort ist und bleibt immer allgemein. Persönliche Erfahrungen und Expertise sind dagegen absolut menschlich – und damit ein klarer Unterschied. Exklusive Daten und Analysen sind ein klares Unterscheidungsmerkmal. Aber auch Case Studies, also Erfolgsbeispiele und Referenzberichte (siehe Abb. 3.3) sind Formate, die sehr relevant sind – für KI-Systeme und für die Kund*innen.
- **Creator-Formate:** Damit einhergehend braucht es Personen, die diese Inhalte vermitteln. Content Creator, Corporate Influencer, Podcast Hosts – auf allen Kanälen ist Content deutlich erfolgreicher, hinter dem echte Personen stehen.
- **Community:** Wer sein Publikum in die Content-Produktion einbezieht, erhöht die Bindung und Relevanz. Das kann zum Beispiel durch Umfragen, Themenwünsche, Interviews, Zitate und vieles mehr erfolgen.

Diese Content-Ansätze hier zu vertiefen, würde den Rahmen sprengen. Aber aus unserer Sicht haben solche Vorgehensweisen mehrere Vorteile, die auch die KI-Sichtbarkeit und die Digital-Strategie insgesamt betreffen:

- **Höhere Klick-Wahrscheinlichkeit:** Wenn eine Website als Quelle angezeigt wird, muss für die User ersichtlich sein, dass sie dort mehr erhalten als bei der allgemeinen KI-Antwort. Das ist bei den drei oben genannten Ansätzen definitiv der Fall.
- **Mehr Unabhängigkeit:** Wir gehen davon aus, dass der Website Traffic über Google und andere Suchmaschinen weiter fallen wird (dazu mehr im Kpi-Kapitel). Daher sollten sich Unternehmen darauf konzentrieren, mit ihrer Webseite

Abb. 3.3 First Hand Experience Content. (Quelle: O'Daniel, 2025)

selbst zum Anlaufpunkt zu werden. Also technisch gesprochen mehr „direkten“ Traffic auszulösen. Das ist mit solchen Content-Formaten möglich.

Mit klassischem „SEO-Content“ haben diese Ansätze allerdings nichts mehr gemeinsam. Auch hier wird es für Unternehmen eine steile Lernkurve geben müssen.

3.4 Digital Relations

Eine zentrale Funktion von KI-Monitoring-Tools ist es, die relevanten Quellen zu nennen, auf die KI-Systeme beim Grounding zurückgreifen. Hier sehen wir eine Fülle von verschiedenen Websites je nach Branche, siehe Abb. 3.4.

In den Tools wird in der Regel angezeigt, welche Quellen wie oft genutzt werden. Ein Überblick:

- **Fach-Websites:** Hierzu zählen redaktionelle Fachmagazine, Fachportale, Vergleichsportale und Fachblogs, die Besprechungen zu Produkten und Dienstleistungen durchführen. Manchmal haben diese Websites einen klassischen journalistischen Hintergrund. Oft sind es aber auch Affiliate-Websites.

Source	Domain Type	Used
enter.de	Corporate	61 %
youtube.com	UGC	56 %
42watt.de	Corporate	55 %
thermondo.de	Corporate	51 %
heizungsfinder.de	Editorial	49 %
energie-experten.org	Corporate	39 %

Abb. 3.4 Quellen und ihre Content-Kategorie. (Quelle: Peec AI, 2025)

- **YouTube:** In manchen Themenbereichen ist YouTube sehr dominant. Hier sind dann ebenfalls wieder Fach-Websites am Werk, aber auch YouTube Creator*innen.
- **LinkedIn:** Auch LinkedIn sehen wir in manchen KI-Monitorings, vor allem im B2B-Bereich. Hier werden einzelne Postings, aber auch längere Beiträge herangezogen.
- **Wikipedia:** Die Website Wikipedia wird vor allem für Informationen zu größeren Unternehmen oder bekannten Persönlichkeiten herangezogen. Hier sehen wir oft in Unternehmen, dass es keine Verantwortlichkeiten für den Wikipedia-Auftritt gibt (Jaeckert, 2025).
- **Reddit:** Die Plattform Reddit gehört zu den meistbesuchten Websites weltweit. In Subreddits, also einzelnen Foren, diskutieren die User diverse Themen, nicht selten in einem recht harschen Ton. Wobei Reddit im englischsprachigen Raum populärer ist als in Deutschland.

Die von der KI verwendeten Quellen unterscheiden sich außerdem nach Modell, Land, Prompts und Produktbereichen. Es ist wichtig, hier in der Tiefe eine Analyse durchzuführen und anschließend Maßnahmen abzuleiten und zu ergreifen.

Bei fachlichen Websites (Magazine, Portale, Blogs) sehen wir ein klares Muster: KI-Systeme nutzen beim Grounding solche Websites vor allem für aktuelle Testberichte und Besprechungen.

Für diese Websites ist es besonders bitter: Sie werden von KI-Systemen dringend benötigt, damit diese Systeme aktuelle Antworten generieren. Gleichzeitig erhalten sie keine oder deutlich weniger Klicks über KI. Dabei sind genau solche Websites in ihrem Geschäftsmodell von Traffic abhängig. Oft verkaufen sie Anzeigenplätze, Abo-Zugänge oder verdienen Geld über Affiliate-Provisionen. Ein existenzbedrohendes Dilemma.

Für Markenunternehmen dagegen spielt es keine Rolle, ob sie von einer Fach-Website zitiert werden oder von einem KI-System. In beiden Fällen wird ihr Angebot empfohlen. Für sie spielt GEO eine zentrale Rolle im Marketing.

Aus Sicht des Markenunternehmens fallen die Maßnahmen in die Zuständigkeit von drei Bereichen:

- **PR:** Die PR-Abteilungen pflegen die Kontakte zu Medienvertreter*innen. Hier geht es um viel Fingerspitzengefühl. Denn journalistische Arbeit kann man nicht mitbestimmen. Wohl aber kann man passende Informationen bereitstellen – etwa für den nächsten Testbericht.
- **Marketing:** Bei Affiliate-getriebenen Websites macht es Sinn, einen anderen Weg zu gehen. Viele Unternehmen haben selbst Affiliate-Programme, die aber

anderen Websites nicht unbedingt bekannt sind. Entsprechende Angebote sollten kommuniziert werden, um in Vergleichen präsent zu sein.

- **Social Media:** Für erfolgreiche Social-Media-Kommunikation braucht man ebenfalls viel Fingerspitzengefühl. Wichtige Quellen wie Wikipedia oder Reddit haben ihre ganz eigenen Regeln. Hier ist es extrem wichtig, die Regeln und Plattformkultur zu verstehen und sich daran zu halten. Sonst ist es wahrscheinlich, dass man dort eher ein negatives Feedback auslöst.

Für Kooperationen mit Creator*innen können alle drei Gewerke tätig sein. Für eigenen Content auf YouTube und LinkedIn empfehlen wir einen integrierten Ansatz. Hochwertiger Website-Content kann sehr gut auf weitere Kanäle wie LinkedIn „verlängert" werden, also auch dort ausgespielt werden.

3.5 Technische Basis

Alle KI-Systeme haben sogenannte Crawler. So wie bei Google auch, rufen diese spezifischen KI-Crawler oder KI-Bots Websites ab, erfassen die Inhalte und speisen sie ein. Die eigene Website hat also einen wichtigen Einfluss darauf, wie ein KI-System ein Unternehmen oder eine Organisation einschätzt (Beispiel für Zugriffe in Abb. 3.5).

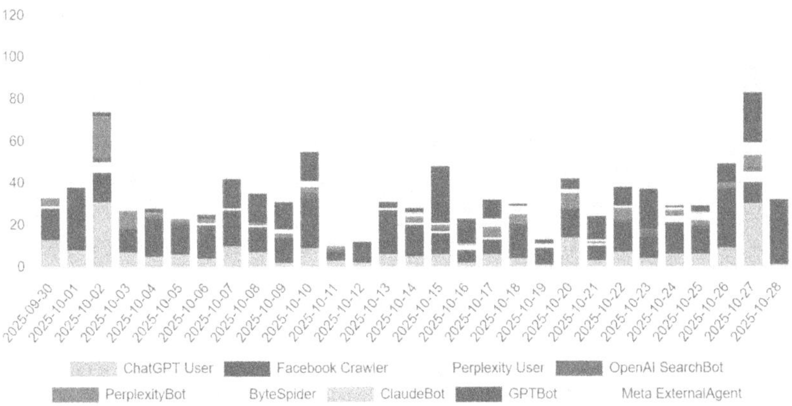

Abb. 3.5 Zugriffe von KI-Crawler auf die Webseite jaeckert-odaniel.com, Zeitraum 30 Tage. (Quelle: Jaeckert, 2025)

Jedes große KI-System hat seine eigenen KI-Crawler. Hierzu zählen unter anderem OpenAI (für ChatGPT), Google (für Gemini), Microsoft (für Copilot) und der Meta-Konzern unter anderem mit für Meta AI (Jaeckert, 2025).

Es gibt grob unterteilt zwei verschiedene Arten von KI-Crawlern:

- **KI-Crawler für Sprachmodelle:** Diese Crawler rufen Website-Inhalte ab, um die Sprachmodelle über einen längeren Prozess bis zu einem bestimmten Punkt zu trainieren. Um dann über einen längeren Zeitraum nicht mehr aktualisiert zu werden. Was also nach dem Zeitpunkt des Trainings veröffentlicht wird, ist dem Sprachmodell nicht bekannt.
- **KI-Crawler für aktuelle Suche:** Diese Crawler kommen vorbei, wenn KI-Systeme eine „Suche" aktivieren, das ist das schon beschriebene Grounding. Es ruft die jeweiligen Inhalte ab und ergänzt die KI-Antwort. Das Modell „erdet" sich also auf der Grundlage aktueller Daten und Informationen aus dem Internet.

Es gibt hier also zwei unterschiedliche Perspektiven: Zum einen geht es darum, wie das jeweilige Sprachmodell ein Unternehmen und seine Angebote am Ende seines Trainings grundsätzlich wahrnimmt.

Zum anderen geht es darum, wie ein Grounding durchgeführt wird – und welche Quellen dort genutzt werden.

Der Grounding-Prozess wurde mittlerweile entschlüsselt (Sadowski, 2025). Vereinfacht gesagt, übersetzen KI-Systeme den Prompt in Keyword-Abfragen. Diese Keyword-Abfragen werden dann genutzt, um in Suchmaschinen zu suchen.

So werden bei einem Prompt oft mehrere Keyword-Abfragen durchgeführt. Die Anzahl unterscheidet sich je nach KI-System. Anschließend werden die Top-Ergebnisse vom Crawler abgerufen. Diese Inhalte werden in das KI-System eingespeist und dort weiterverarbeitet, um die KI-Antwort zu ergänzen.

Es gibt hier also eine Nähe zu SEO. Denn wer zu den jeweiligen Prompts bzw. übersetzten Keywords in der Suchmaschine vorne steht, bei dem sind die Chancen höher, dass der eigene Website-Content die KI-Antwort mit beeinflusst oder dass man als Quelle angezeigt wird. Hier gelten die in der Branche bekannten SEO-Maßnahmen, wie zum Beispiel Keywords im Content entsprechend zu berücksichtigen.

Allerdings ist auch klar: Von der alten SEO-Logik – Top-Rankings bei Google und darüber das Generieren von Klicks – bleibt hier wenig übrig.

Dazu kommt, dass der Grounding-Prozess mehrschrittig ist und derzeit noch viele Unbekannte hat. Es ist möglich, dass man in diesem Prozess berücksichtigt wird. Doch wann und wie dies genau geschieht – darüber gibt es noch sehr viel Unklarheit. GEO ist also auch in dieser Hinsicht wieder mehr als nur klassisches SEO.

Wie sollten Unternehmen damit umgehen, dass KI-Crawler ihre Website auslesen? Hier sehen wir zwei Vorgehensweisen:

- **Ausschluss von KI-Crawler:** Websites sperren gezielt die KI-Crawler aus. So verhindern sie, dass sich ein KI-System an ihren Inhalten „bedient".
- **Zulassen der KI-Crawler:** Unternehmen lassen alle Crawler zu. Ihnen ist es recht, wenn KI-Systeme ihre Inhalte nutzen.

Ein Ausschluss erfolgt zum Beispiel über die robots.txt-Datei. Wenn man KI-Crawler ausschließt, führt dies dazu, dass das KI-System die jeweilige Website nicht mehr berücksichtigt. Man wird in GEO unsichtbar. Es gibt auch die Möglichkeit, spezifische Bots bzw. Crawler nicht zuzulassen, zum Beispiel zwischen Training und Suche zu unterscheiden.

Die Diskussion darüber verläuft häufig entlang der Geschäftsmodelle der Unternehmen. Ein Medienhaus etwa, das seine Inhalte vermarktet, ist wenig begeistert darüber, wenn genau diese Inhalte ausgelesen und weiterverarbeitet werden.

Für ein Unternehmen, das Maschinen, Software oder eine Dienstleistung verkauft, ist es dagegen hinnehmbar und stellt ein neues Marketingziel dar, in den KI-Systemen genannt und berücksichtigt zu werden. Schließlich ist die Information auf der Website das Bindeglied zum Kauf.

In der Branche werden eine Reihe weiterer technischer Optimierungen diskutiert:

- **LLMS.txt:** Eine sogenannte llms.txt ist eine Textdatei, die im Stammverzeichnis angelegt wird und speziell für KI-Crawler entwickelt wurde. Das Prinzip dahinter ist ähnlich wie das einer Sitemap-Datei, die Suchmaschinen-Crawlern Informationen über den bestehenden Content gibt. Die LLMS-Textdatei soll Sprachmodellen eine kuratierte Auswahl des Website Contents bereitstellen und so mehr Kontext liefern (Howard, 2024).
- **Strukturierte Daten:** In SEO wird häufig mit strukturierten Daten gearbeitet. Informationen werden in vorgegebenen maschinenlesbaren Formaten hinterlegt. Zum Beispiel bei Rezepten, Produkten oder Veranstaltungen (Schema.org, 2025). Manche Expert*innen argumentieren, dass solche strukturierten Daten sich auch positiv auf die Sichtbarkeit in KI-Systemen auswirken – oder zumindest nicht schaden (Volpini, 2025).

Ob und wie stark diese Optimierungen wirken – darüber gibt es unterschiedliche Sichtweisen. Wir halten sie für wenig hilfreich. In einem Test zur LLMS.txt kam heraus: KI-Systeme greifen auf diese Datei nur selten zurück. Für den Test wurde eine solche Datei auf über 1000 Domains hinterlegt und untersucht, ob die Crawler darauf zugreifen (Longato, 2025). Auch wir sehen in unseren Logfiles ein anderes Verhalten der KI-Crawler. So greifen sie zum Beispiel deutlich häufiger auf die Sitemap zu – eine bereits für SEO etablierte Maßnahme.

Ein Nachteil einer eigenen LLMS-Datei: Wer dort eine kuratierte Auswahl von Inhalten und Links den Sprachmodellen zur Verfügung stellt, muss diese Datei auch laufend pflegen. Hier passieren erfahrungsgemäß Fehler bzw. Versäumnisse. Diese Maßnahme macht viel Arbeit – und bringt offensichtlich nichts.

Auch bei den strukturierten Daten gibt es verschiedene Sichtweisen. Denn Sprachmodelle funktionieren grundlegend anders als Suchmaschinen. Sie benötigen Sätze und Informationen in natürlicher Sprache. Auszeichnungsformate wie HMTL oder auch JSON sind für Sprachmodelle im Training eher ein Störfaktor, der ausgefiltert wird (Penedo et al., 2025). Beim Grounding ist es aufgrund der oben beschriebenen unklaren Prozessschritte nicht möglich, zu sagen, ob und wie strukturierte Daten Einfluss auf die Auswahl der Quellen haben. Eigene Tests und erste Studien sprechen eher dagegen (Guevara & Rakotomalala, 2025; Jaeckert, 2025). Insgesamt kann man festhalten, dass es aktuell keine Nachweise gibt, dass mit Schema-Auszeichnungen auch die KI-Sichtbarkeit steigt.

Um es klar zu sagen: Dies heißt nicht, dass Schema-Auszeichnungen generell keinen Sinn machen. In bestimmten Fällen sind sie für SEO sehr relevant – etwa bei Produkt-Auszeichnungen oder Google Discover. Aber wir diskutieren hier, ob eine Schema-Auszeichnung eine relevante Maßnahme für KI-Sichtbarkeit ist. Und dies sehen wir nicht so.

Aus unserer Perspektive sind andere Maßnahmen hochrelevant, die ebenfalls aus der SEO-Welt stammen. Hierzu zählen:

- **Indexierung:** Viele Unternehmen haben Probleme mit der Indexierung ihrer Website. Durch technische Fehler können zum Beispiel Unterseiten nicht indexiert werden. Bei Shops kann dies schnell in den vier-, fünf- oder sechsstelligen Bereich gehen. Wenn diese Seiten von Suchmaschinen-Crawlern nicht gefunden werden, können sie auch im Grounding nicht gefunden werden. Es ist außerdem wahrscheinlich, dass die Trainings-Bots der KI-Systeme diese auch nicht finden.
- **Sprachauszeichnung:** Viele Unternehmen wollen weltweit mit ihrer Website und ihren Angeboten auffindbar sein. Dies ist auch in KI-Systemen wichtig, denn sie antworten in der jeweiligen Landessprache und grounden oft entsprechend in den nationalen Suchergebnissen. In SEO gibt es hierfür ein spezielles HTML-Attribut: Das sogenannte hreflang. Auch hier sehen wir zahlreiche Fehler in unserem Beratungsalltag, die sich negativ auf GEO auswirken.

Einen weiteren großen Schwerpunkt sehen wir in Zukunft auch im Bereich der Agenten-Funktion in KI-Systemen. Ein solcher Agentenmodus ist zum Beispiel in der ChatGPT-App vorhanden und auch im Browser ChatGPT Atlas (OpenAI, 2025b).

Die sogenannten Agenten können Aufgaben eigenständig ausführen. Einfache Anwendungen sind E-Mails schreiben, Kontaktformulare ausfüllen, aber auch Bestellungen ausführen. Hierfür ist es sehr wahrscheinlich, dass in Zukunft deutlich mehr Webseiten-Besucher*innen nicht mehr menschlich sind, sondern KI-Agenten, die Aufgaben erledigen und hierfür auf Informationen und Funktionalitäten von Websites zugreifen. Welche das genau sind – das würde hier den Rahmen sprengen. Auch stehen wir noch zu sehr am Anfang der Entwicklung, so dass wir zu sehr spekulieren würden.

Parallel dazu entstehen auch neue Lösungen, bei denen User direkt im KI-System ein Produkt kaufen können. So hat OpenAI das Agentic Commerce Protocol eingeführt. Hierdurch gibt es einen „Instant Check-out" für die User. Sie können in der App ein Produkt kaufen – und müssen nicht mehr eine Website besuchen.

Aber welche Produkte werden empfohlen? Hier betont OpenAI, dass die Produkte je nach Relevanz organisch von der KI empfohlen werden. Basis hierfür ist ein spezieller Feed, der eingereicht werden muss (OpenAI, 2025a, b). Für GEO-Verantwortliche im Onlineshop-Bereich ist die Feed-Optimierung in Zukunft also eine zentrale Aufgabe.

3.6 Wer kümmert sich darum?

Wer kümmert sich um KI-Sichtbarkeit? Wer übernimmt die Koordination? Diese zentrale Frage wird von den Entscheider*innen in den Unternehmen immer gestellt – und das völlig zurecht. Schließlich will man in die Umsetzung gehen.

Grundsätzlich sehen wir, dass das Thema im Marketing aufgehängt wird.

Im Marketing selbst gibt es unterschiedliche Ausprägungen – je nach Unternehmensgröße. Je kleiner die Unternehmen, desto mehr Aufgaben übernehmen Marketingmanager*innen. Sie sind salopp gesprochen oft die „eierlegende Wollmilchsau". Bei ihnen liegen sehr viele unterschiedliche Aufgaben und Kanäle: Von der Produktkommunikation bis zum Branding, von der Website über Flyer bis hin zum Messeauftritt.

Je größer die Unternehmen, desto mehr spezialisierte Fachkräfte sind vorhanden, etwa für Digital Marketing, Content, Social Media, SEO oder Paid Ads.

In unseren Workshops sehen wir, dass Unternehmen oft interdisziplinäre Teams zusammenstellen. Etwa aus Marketing, Content, PR, Social Media, Vertrieb,

Technik und Produkt, die je nach Schwerpunkt mehr oder weniger intensiv mitarbeiten. In jedem Fall braucht es aber eine Person, die solche Projekte koordiniert. Hier sehen wir oft Digital-Marketing-Verantwortliche und SEO-Manager*innen.

In der Praxis stellt sich für Unternehmen die Frage, ob sie solche Aufgaben an externe Dienstleister abgeben oder intern übernehmen. Beide Wege haben Vor- und Nachteile.

So oder so: Aus unserer Sicht ist es unerlässlich, dass in den Marketingabteilungen eigenes Know-how aufgebaut wird. Der gesamte Themenbereich der KI-Sichtbarkeit entwickelt sich dynamisch.

Wer eigenes Verständnis aufbaut, erarbeitet sich Wettbewerbsvorteile. Das hat sich auch für den Bereich SEO gezeigt. Hier haben viele Unternehmen Anfang der 2000er-Jahre investiert – und letztlich über Jahrzehnte davon profitiert. Ob und wie viel Teile der operativen Arbeit man dann abgibt – das kann im nächsten Schritt entschieden werden. Aber zuerst einmal gilt: Überblick herstellen.

Literatur

Guevara, J., & Rakotomalala, S. (18.09.2025). Sichtbarkeit in AI-Channels: Was Crawler wirklich lesen. https://www.img.ag/blog/ai-crawler-sichtbarkeit-pdp-ai-channels. Zugegriffen: 25. Nov. 2025.

Howard, J. (03.09.2024). The /llms.txt file. https://llmstxt.org/. Zugegriffen: 25. Nov. 2025.

Jaeckert, F. (29.10.2025). ChatGPT ignoriert strukturierte Daten/JSON beim Grounding (Beweis). https://www.youtube.com/watch?v=Ah5mhFDN9NA. Zugegriffen: 25. Nov. 2025.

Jaeckert, F. (20.10.2025). KI zitiert Wikipedia. Wie gehen Unternehmen damit um? Interview mit Jörg Niethammer. https://www.jaeckert-odaniel.com/interview-joerg-niethammer-wikipedia/. Zugegriffen: 24.11.2025.

Jaeckert, F. (04.07.2025). Logfile Analyse: Wie KI-Bots deine Website verarbeiten. https://www.jaeckert-odaniel.com/logfile-analyse-wie-ki-bots-deine-website-verarbeiten/. Zugegriffen: 24.11.2025.

Longato, F. (15.08.2025). LLMs.txt – Why almost every AI crawler ignores it as of August 2025. https://www.longato.ch/llms-recommendation-2025-august/. Zugegriffen: 25. Nov. 2025.

O'Daniel, B. (2025). First hand experience: Der Content-Schlüssel in der neuen KI-Welt. https://www.jaeckert-odaniel.com/first-hand-experience-der-content-schluessel-in-der--neuen-ki-welt/. Zugegriffen: 24.11.2025.

OpenAI. (2025a). Product feed spec. https://developers.openai.com/commerce/specs/feed/. Zugegriffen: 25. Nov. 2025.

OpenAI. (21.10.2025b). Wir stellen vor: ChatGPT Atlas, der Browser mit integrierter ChatGPT-Funktion. https://openai.com/DE-DE/inDEx/introducing-chatgpt-atlas/. Zugegriffen: 25. Nov. 2025.

Peec AI. (2025) Darstellung im Tool. https://peec.ai/. Zugegriffen: 29. Nov. 2025.

Penedo, G., Malartic, Q., Hesslow, D., Cojocaru, R., Cappelli, A., Alobeidli, H., Pannier, B.,Almazrouei, E., & Launay, J. (01.07.2023). The refinedweb dataset for falcon LLM: Outperforming curated corpora with web data, and web data only. https://arxiv.org/pdf/2306.01116. Zugegriffen: 25. Nov. 2025.

Sadowski, J. (16.07.2025). AI search study: Understanding keyword query Fan-out. https://surferseo.com/blog/keyword-query-fan-out-research/. Zugegriffen: 24. Nov. 2025.

Schema.org. (04.09.2025). https://schema.org/. Zugegriffen: 25. Nov. 2025.

Sistrix. (23.04.2025). Was ist die Suchintention? https://www.sistrix.de/frag-sistrix/seo-grundlagen/suchintention/. Zugegriffen: 24.11.2025.

Stripe/OpenAI. (2025). Agentic commerce protocol. An open standard for programmatic commerce flows between buyers, AI agents, and businesses. https://www.agenticcommerce.dev/. Zugegriffen: 25. Nov. 2025.

Volpini, A. (15.10.2025). How structured data shapes AI snippets and extends your visibility quota. https://www.searchenginejournal.com/how-structured-data-shapes-ai-snippets-and-extends-your-visibility-quota/558018/. Zugegriffen: 25. Nov. 2025.

GEO-KPIs: KI-Erfolge messen 4

Zusammenfassung

Für die Sichtbarkeit in KI-Systemen braucht es neue KPIs. Es macht keinen Sinn mehr, Rankings zu monitoren. Der SEO-Traffic wird perspektivisch weiter zurückgehen. Stattdessen geht es um Brand Mentions, Quellennennung und Klicks aus KI-Systemen. Eine Herausforderung im Tracking wird die Attribution auf den Umsatz sein.

4.1 Alte SEO-KPIs wanken

Bevor Unternehmen in einen neuen Kanal investieren, fragen Entscheider*innen immer danach: Was bringt es uns? Was wollen wir erreichen? Diese Frage ist absolut berechtigt und notwendig – und daher Teil der Diskussion, wie sich SEO zu GEO wandelt.

Eine zentrale SEO-Erfolgskennzahl in vielen Unternehmen ist der Website Traffic, der über Google generiert wird.

Genauer: Der Non-Brand Traffic. Hierbei handelt es sich um Suchbegriffe, die User abseits der konkreten Marke eingeben.

Denn besonders größere Unternehmen haben zwar viel Google Traffic, dieser besteht aber vor allem aus Kund*innen, die den Markennamen eingeben und dann über die Suchmaschine auf die Website kommen. Hierbei handelt es sich um sogenannten „navigationalen Traffic" oder „Brand Traffic".

SEO hat sich aber seit jeher im Bereich der Neukund*innen-Akquise angesiedelt. Im Fokus stehen User, die allgemeinere, aber wertvolle Keywords einge-

B. O'Daniel, F. Jaeckert, *Generative Engine Optimization: Sichtbar in KI-Systemen*, essentials, https://doi.org/10.1007/978-3-658-50746-6_4

ben. Beispiel: Wer „Newsletter Software“ sucht, ist auf der Suche nach einer Newsletter-Lösung. Wer „Mailchimp“ oder „CleverReach“ eingibt, hat bereits seine Newsletter-Software.

Der Anteil an Non-Brand-Traffic kann in Tools wie der Google Search Console gefiltert und dargestellt werden.

Doch genau dieser Traffic-Anteil sinkt konstant. Einen besonderen Einbruch hat es seit der Einführung der AI Overviews bei Google gegeben. Seitdem wird in der SEO-Branche häufig ein „Krokodil“-Chart geteilt: Hierbei gehen zwar die Impressionen nach oben – Websites werden also öfter angezeigt. Gleichzeitig ist aber der Website-Traffic stark rückläufig. User klicken seltener auf die Ergebnisse.

Eine solche Spreizung hat es vorher nie gegeben. Seitdem stellen sich viele SEO-Verantwortliche die Frage, welche KPIs sie in Zukunft noch ansetzen sollen.

In manchen Unternehmen wird Traffic auch als Erfolgsmetrik für das Marketing betrachtet oder es werden gar Bonus-Zahlungen daran gekoppelt.

In der SEO-Branche sehen wir einen starken Impuls, an Traffic als zentrale Metrik festzuhalten. Das Kernargument: Dieser Traffic ist klar messbar.

Gleichzeitig ist aber auch klar: Mit dem Aufstieg der neuen KI-Systeme und dem Wandel von Google hin zu einem eigenen KI-Antwortsystem wird der Traffic weiter abnehmen.

Eine Ausnahme gibt es hierbei: Unternehmen, die noch nie an SEO gearbeitet haben. Diese Unternehmen haben noch keinen relevanten Traffic über Google. Von diesem Nullpunkt aus lassen sich nach wie vor SEO-Erfolge erzielen.

Wobei auch hier gilt: Die Arbeit an den Prompt-Kriterien, produktnahem Content, Digital Relations und technischen Optimierungen – all das zahlt sowohl auf KI-Sichtbarkeit als auch auf klassische SEO-Sichtbarkeit ein. Es gibt in der operativen Umsetzung viele Parallelen.

Aber aus der Gesamtperspektive ist es ein reines Rückzugsgefecht, an Traffic als einziger Erfolgskennzahl festzuhalten. Daher beschreiben wir im weiteren Verlauf die GEO-KPIs, die aus unserer Sicht relevant sind, und die Debatten, die dazu geführt werden.

4.2 Brand Mentions als Sichtbarkeits-KPI

Eine zentrale KPI ist für uns, wie oft und an welcher Stelle eine Marke in den KI--Antworten genannt wird. Auch im Vergleich zum Wettbewerb, der ja ebenfalls in den KI-Antworten vorkommt.

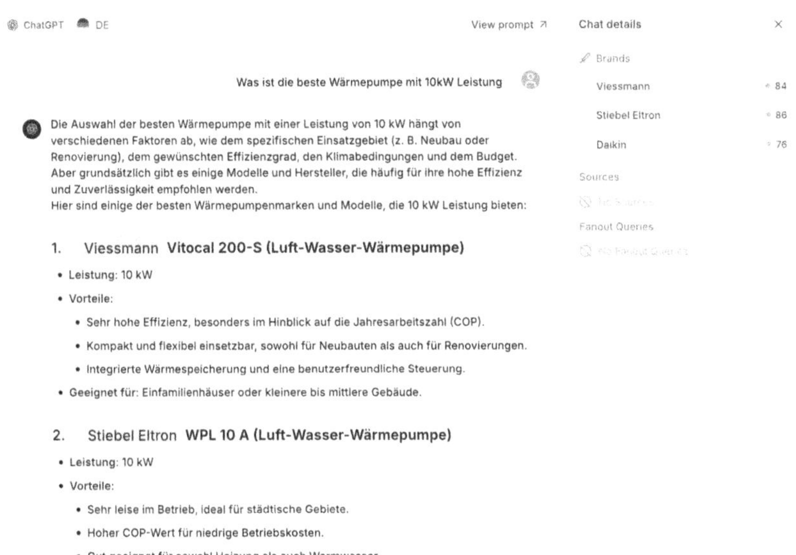

Abb. 4.1 Konkrete Marken werden von einer KI empfohlen – die „Brand-Mention“. (Quelle: Peec AI, 2025)

Die Brand Mention (Abb. 4.1) ist eine reine Sichtbarkeits-KPI. Also nicht zu vergleichen mit einem Klick auf einer Website oder gar einer Conversion in Form eines Shop-Verkaufs oder dem Ausfüllen eines Kontaktformulars (engl. „Lead“).

Trotzdem ist eine Brand Mention viel mehr als eine gängige „Impression“. Eine Impression auf Google wird zum Beispiel in der Google Search Console angezeigt. Dies bedeutet, dass die Website wie bereits beschrieben irgendwo in den Suchergebnissen ausgespielt worden ist. Das bedeutet in der Realität: Eine Google-Impression findet zum Beispiel auch statt, wenn eine Website auf Platz 9 steht, darüber aber noch acht weitere Websites, vier Werbeanzeigen, evtl. noch ein YouTube-Karussell oder Bilder oder andere Integrationen.

Eine Brand Mention in einem KI-System ist etwas völlig anderes. Wenn KI-Systeme Produkte empfehlen, dann auf eine sehr prominente Art. So stellt ChatGPT häufig drei bis fünf konkrete Produkte von unterschiedlichen Herstellern vor und beschreibt diese in einigen Stichpunkten.

Es ist eine hochqualifizierte Liste mit ausgewählten Marken oder Produkten. Wir halten es für sehr wahrscheinlich, dass User diesen Empfehlungen der KI folgen werden bzw. dies schon tun. Da allerdings keine Klicks gemessen und dem

Kanal „KI" attribuiert werden kann, gibt es hier einen Medienbruch in der Analyse, der derzeit eine saubere Erfolgsmessung auf Umsatz- oder Lead-Ebene erschwert.

4.3 Nennung als Quelle in KI-Ergebnissen

Wenn KI-Systeme auf eine Suchfunktion zurückgreifen, nutzen sie verschiedene Websites als Quellen. Auch dies wird in den GEO-Tools dargestellt. So kann man ermitteln, wie oft die eigene Website im Prompt-Set genutzt wird. Dies zu steigern ist aus unserer Sicht eine sinnvolle KPI. Denn je häufiger die eigene Website genutzt wird, desto wahrscheinlicher ist es, in den KI-Antworten berücksichtigt zu werden und Klicks aus KI-Systemen zu generieren.

Außerdem lässt sich anzeigen, welche einzelne URL besonders häufig als Quelle herangezogen wird. Daraus wiederum lassen sich Optimierungen für den Content ableiten. Beispiele aus unserer Beratung und unseren Weiterbildungen:

- Bei einem Software-Unternehmen haben wir im Rahmen eines GEO-Audits festgestellt, dass einzelne Case Studies als Quellen herangezogen worden sind. Eine wahrscheinliche Ursache war, dass sie auf bestimmte Begrifflichkeiten eingegangen sind und sehr verständlich und ausführlich waren. Anschließend haben wir empfohlen, weitere Case Studies in dieser Art zu entwickeln bzw. anzupassen.
- In einem anderen Workshop haben wir festgestellt, dass Presseartikel sehr stark als Quelle genutzt worden sind. Hintergrund war, dass der Hersteller viele Preise gewonnen hatte. Die Presseartikel haben dies wiederum aufgegriffen – und wurden als Quelle in KI-Systemen verwendet.

Für manche Unternehmen ist es wichtiger, als Quelle genutzt zu werden als die eigentliche Brand Mention. Ein Beispiel hierfür: die Website OMR-Reviews. Die Vergleichsplattform stellt verschiedene Softwareanbieter vor. Die Softwareanbieter werden in den entsprechenden KI-Antworten genannt. Die Basis dafür ist jedoch die Website von OMR-Reviews (Jaeckert, 2025).

4.4 Website-Besuche über KI

Wie viele Website-Besucher*innen kommen über KI-Systeme? Diese Frage stellen sich derzeit sehr viele Marketingverantwortliche. Aus unserer Erfahrung können wir sagen: Es werden deutlich weniger Besucher*innen über KI-System unsere

Website besuchen, als das zurzeit über herkömmliche Suchmaschinenanfragen passiert.

Viele Expert*innen in der Branche gehen davon aus, dass der Website-Traffic insgesamt zurückgehen wird. Das liegt in der Natur der KI-Systeme. Die Nutzer*innen müssen nicht mehr klicken, um eine Information zu erhalten. Im Gegenteil: Durch den Chat mit der KI fallen dutzende Website-Besuche weg. Wie schnell und umfangreich dieser Rückgang geschehen wird, ist unklar und hängt vom Einzelfall ab.

Gleichzeitig ist auch klar: Wenn ein User am Ende ein Produkt kaufen will oder eine Anfrage stellen will, muss er oder sie derzeit noch eine Website besuchen. Es werden also auch weiterhin Klicks aus KI-Systemen kommen.

Außerdem zeigt sich: Abseits dieser klaren Kaufintention scheinen User auch auf bestimmte Content-Formate zu klicken. Nur gibt es dazu kaum öffentliche Berichte. Wenn eine Website sehr erfolgreich KI-Traffic erhält, erfährt dies erst einmal niemand.

Anders ist es, wenn Verantwortliche ihre KI-Traffic-Erfolge teilen. Ein Beispiel: Die Website Favikon ist eine Influencer-Marketing-Plattform aus Frankreich. Eine zentrale Content-Strategie war es, Listen mit herausragenden Influencer*innen zu erstellen. Hier wurde bekannt, dass diese Listen sehr viel Traffic aus KI-Systemen generieren. Eine Erkenntnis aus diesem Beispiel: Der mit Abstand meiste KI-Traffic kam aus ChatGPT. Andere Sprachmodelle wie Copilot (Microsoft) oder Gemini (Google) waren komplett abgeschlagen (O'Daniel, 2025a, b).

Dies ist jedoch ein Einzelfall. Es ist logisch, dass nicht jedes Unternehmen ein solches Content-Format entwickeln kann und sollte.

In der Praxis sehen wir daher eine weitere Entwicklung, auf die deutlich mehr Unternehmen setzen. Sie diversifizieren ihre Traffic-Kanäle. So versuchen viele Marketingverantwortliche beispielsweise ihren Newsletter zu stärken. Ein sehr altbekannter Kanal, in dem aber sehr viel Klick-Potenzial steckt. Hierfür müssen die Newsletter jedoch deutlich redaktioneller und attraktiver für die Abonnent*innen werden.

Außerdem wird versucht, mehr Traffic über Social Media zu generieren, etwa über LinkedIn. Aber auch hierfür bedarf es einer spezifischen Content-Strategie.

Ein Vorgehen, das in unserer Beratung eine wichtige Rolle spielt: Wir empfehlen, Themen zentral zu planen und zu entwickeln – und anschließend über alle Plattformen hinweg auszuspielen. Die „Kriterien", die für die Prompts entwickelt werden, haben immer eine hohe Relevanz für die Unternehmen, ihre Kommunikation und Marketing. Es macht viel Sinn, Content nicht nur für KI-Sichtbarkeit zu erstellen, sondern systematischer und zusammenhängender zu planen und umzusetzen.

4.5 Umsatz über KI-generierte Leads

In unseren Beratungen und in Gesprächen auf Konferenzen berichten uns Marketingverantwortliche, dass sie erste Conversions (Leads oder Sales) aus KI-Systemen sehen. Oder dass sich Neukund*innen im Erstgespräch explizit auf ihre KI-Recherche beziehen, in der das Unternehmen empfohlen wurde.

Viele Unternehmen versuchen derzeit, den Anteil der KI-Plattformen am Gesamt-Umsatz zu ermitteln. Dies ist zum Beispiel über ein entsprechendes Tracking in Google Analytics, Plausible oder Matomo möglich. Dort können dann die Umsätze den Kanälen zugeordnet werden. Dies im Detail zu erklären, würde hier den Rahmen sprengen.

Allerdings: Die wenigsten Unternehmen haben ein solches Tracking, in dem diverse technische Stolpersteine stecken. Zudem gibt es zahlreiche potenzielle Brüche in der Customer Journey. So ist es zum Beispiel wahrscheinlich, dass sich User in KI-Systemen zuerst einmal umfassend informieren – und anschließend Google als Suchmaschine nutzen, um zum Unternehmen zu gelangen.

So ist es auch möglich, dass viele Conversions den Google-Werbeanzeigen zugeordnet werden, da sie den „last click" auslösen. Der Beitrag von KI innerhalb der Customer Journey fällt dadurch hinten runter.

Deswegen empfehlen wir, das GEO-Monitoring mit einer aussagekräftigen Webanalyse inklusive Conversion-Tracking zu kombinieren und Conversions linear, also über alle Touchpoints und Plattformen hinweg, zu attribuieren.

So können Entscheider*innen belastbare Entscheidungen darüber treffen, welchen Anteil GEO am Unternehmenserfolg hat und wie Ressourcen neu verteilt werden.

Literatur

Jaeckert, F. (02.10.2025). Die GEO-Strategie von OMR Reviews: Interview mit Carmen Martins. https://www.jaeckert-odaniel.com/interview-carmen-martins-omr-reviews/. Zugegriffen: 25. Nov. 2025.

O'Daniel, B. (09.09.2025a). Die GEO-Sichtbarkeit von Favikon (Case Study). https://www.jaeckert-odaniel.com/die-geo-sichtbarkeit-von-favikon-case-study/. Zugegriffen: 25. Nov. 2025a.

O'Daniel, B. (09.09.2025b). Vorgestellt: Unser Framework für Reichweite, Relevanz und Leads. https://www.jaeckert-odaniel.com/vorgestellt-unser-framework-fuer-reichweite-relevanz-und-leads/. Zugegriffen: 25. Nov. 2025.

Peec AI. (2025). Darstellung im Tool. https://peec.ai/. Zugegriffen: 29. Nov. 2025.

Fazit

Wir stehen vor der größten Veränderung im Digital Marketing in den letzten 25 Jahren. Die alte Suchmaschine – eine Suchergebnisliste mit Websites, auf die wir klicken – gehört bald der Vergangenheit an.

Alle großen Plattformen haben KI-Systeme auf den Markt, die das Verhalten der User grundlegend verändern werden. Wir halten es für wahrscheinlich, dass in Zukunft viele KI-Systeme einen relevanten Marktanteil haben, also die Modelle von OpenAI, Google, Microsoft, Meta alle eine wichtige Rolle spielen werden.

Wie schnell sich dieser Wandel vollzieht – das wissen wir nicht. Aber wir sehen bereits jetzt: Praktisch jede Website ist davon betroffen. Die User passen ihr Verhalten sehr schnell an. Sie nutzen KI-Systeme für Antworten, für Produktrecherchen – und damit auch für Kaufentscheidungen.

SEO als Marketingdisziplin muss sich diesen Veränderungen stellen. Bisherige Vorgehensweisen gehören auf den Prüfstand. Neue Tools, neue Strategien, neue Maßnahmen müssen entwickelt und umgesetzt werden.

Ob diese neuen Tätigkeiten dann immer noch SEO heißen? Aus unserer Sicht ist das unlogisch. SEO steht für „Search Engine Optimization". Also die Optimierung für Suchmaschinen. KI-Systeme sind aber viel mehr. Die Such-Funktion, das Grounding, ist nur ein Teilbereich. Jedes KI-System greift unterschiedlich stark auf Suchfunktionen zurück. Wir brauchen neue Begrifflichkeiten. GEO oder AEO erscheinen uns am sinnvollsten als neue Bezeichnung.

Eine Kernveränderung: Wir werden weniger Traffic auf unseren Websites generieren. User chatten mit KI-Systemen, lassen sich Informationen zusammenstellen.

B. O'Daniel, F. Jaeckert, *Generative Engine Optimization: Sichtbar in KI-Systemen*, essentials, https://doi.org/10.1007/978-3-658-50746-6

Sie müssen nicht mehr Websites besuchen, um eine Antwort zu erhalten. Perspektivisch noch nicht einmal, um einen Kauf zu tätigen.

Eine Nennung – Brand Mention – ist die neue Währung. Wenn ein KI-System aus sich heraus eine Marke oder ein Produkt empfiehlt, ist das ein entscheidender Punkt in der Customer Journey.

Gleichzeitig ist klar: Der Markt, also die Bedarfe der Kund*innen, sind weiterhin vorhanden. Es ändert sich „nur" das System, wie sie zu einer Entscheidung kommen. Die Verantwortlichen müssen sich damit auseinandersetzen, wie sichtbar und relevant ihr Unternehmen in KI-Systemen ist. Entsprechende Weiterbildungen und die Entwicklung einer Strategie und eines Maßnahmenplans sind Pflicht, wenn man in Zukunft noch eine Rolle bei seinen Kund*innen spielen will.

Was sind Ihre Gedanken dazu? Wir freuen uns immer über Feedback – gerne über LinkedIn oder Mail. Wir werden diese große Veränderung in unserer Academy und unserem Content Performance Podcast laufend weiter analysieren und darüber sprechen.

Was sie aus diesem *essential* mitnehmen können

- Der SEO-Traffic ist als Kennzahl eine Sackgasse
- Die Brand Mention ist die zentrale neue KPI in GEO
- Eine Nennung als Quelle ist ebenfalls relevant
- Die Optimierung von Quellen ist eine Kernaufgabe
- Der Website-Content muss für KI-Systeme optimiert werden

B. O'Daniel, F. Jaeckert, *Generative Engine Optimization: Sichtbar in KI-Systemen*, essentials, https://doi.org/10.1007/978-3-658-50746-6

GPSR Compliance
The European Union's (EU) General Product Safety Regulation (GPSR) is a set of rules that requires consumer products to be safe and our obligations to ensure this.

If you have any concerns about our products, you can contact us on

ProductSafety@springernature.com

In case Publisher is established outside the EU, the EU authorized representative is:

Springer Nature Customer Service Center GmbH
Europaplatz 3
69115 Heidelberg, Germany

www.ingramcontent.com/pod-product-compliance
Ingram Content Group UK Ltd.
Pitfield, Milton Keynes, MK11 3LW, UK
UKHW021959190726
13853UKWH00004B/1618

* 9 7 8 3 6 5 8 5 0 7 4 5 9 *